DÉFENSE

DE MONSIEUR

LE COMTE DE PEYRONNET,

ANCIEN MINISTRE DE L'INTÉRIEUR,

DEVANT LA COUR DES PAIRS,

le 19 décembre 1830,

PAR

M. HENNEQUIN, AVOCAT.

PARIS.

IMPRIMERIE ET FONDERIE DE J. PINARD,

RUE D'ANJOU-SAINT-GERMAIN, N° 8.

1830.

DÉFENSE

DE M. LE COMTE

DE PEYRONNET,

ANCIEN MINISTRE DE L'INTÉRIEUR.

PAIRS DU ROYAUME,

Lorsque les ordonnances du 25 juillet ont paru, l'autorité royale ne se trouvait-elle pas placée, par les succès toujours croissans de la puissance démocratique, entre la nécessité de mettre en usage tous ses moyens de salut, et le malheur de subir bientôt d'irréparables altérations?

Cette question, qui vous appelle à prononcer sur la situation politique de la France dans les derniers temps du règne de Charles X, n'est pas la seule que l'accusation ait soulevée ; il en est une qui se renferme dans le cercle des idées judiciaires, et qu'il est aussi de mon devoir de signaler à votre attention : si la prérogative n'était pas menacée, n'existait-il pas du moins de fatales apparences, et le ministère n'a-t-il pas pu, sans crime, croire aux dangers de la couronne?

Poser ces deux questions, qui ne peuvent trouver leur solution que dans les enseignemens de l'histoire comtemporaine, c'est, vous le comprenez, nobles Pairs, prendre l'engagement de retracer cette lutte animée qui remonte au berceau de la restauration, et qui vient de se terminer par la victoire de 1830. Je redirai donc de graves dissentimens, je rechercherai dans son origine, je suivrai dans ses développemens cet esprit d'innovation que les ministres s'étaient proposé d'arrêter dans sa marche : c'est là le devoir que je m'impose, certain qu'une défense sans franchise et sans courage serait indigne de mon client, de mes juges et de mon pays.

La France était envahie; un million d'étrangers pesaient sur son territoire ; et si l'on en excepte les garnisons enfermées dans les places fortes du nord, la résistance n'était nulle part.

Le gouvernement avait disparu, et la représentation nationale ne résidait plus que dans quelques hommes courageux qui siégeaient au Sénat conservateur.

Les alliés, reconnaissant l'espèce de suprématie qu'il est difficile de contester à la capitale, l'encourageaient à prendre l'initiative, et signalaient comme un événement qui serait agréable à l'Europe, le rétablissement de la maison de Bourbon (1).

Ce langage fut entendu.

On se rappela que c'était par la voie de l'élection que Bonaparte était parvenu au pouvoir suprême.

On déclara que le contrat avait été violé; que la France était libre (2).

Il faut en effet remarquer que l'acte qui prononce la déchéance est antérieur à l'abdication.

Une commission formée dans le sein du Sénat s'occupa de la rédaction d'un projet de constitution, que le Sénat en corps devait arrêter, et dont l'acceptation aurait été la condition *sine quâ non* de l'avènement de Stanislas Xavier.

C'est ici qu'il convient de réfléchir sur le spectacle que, sous le rapport moral et politique, présentait alors la France. On sait que cette pensée d'affranchissement et de liberté, dont l'Europe ne fut jamais plus agitée que dans le temps où nous vivons, s'est surtout prononcée au moment de la réforme qui introduisit l'examen et la discussion dans des choses jusqu'alors acceptées avec une soumission religieuse. On sait que la découverte de l'imprimerie favorisa ce mouvement des esprits qu'il est possible de dater du siècle de François Ier. Le règne de Louis XIV fit faire une halte à cette tendance des classes moyennes vers l'égalité civile et politique, qui, sous Louis XV,

(1) 1er Avril 1814; *Moniteur*, n° 91.

(2) 4 Avril 1814; *Moniteur*, n° 94.

sut se cacher sous la forme de l'opposition parlementaire, et qui, triomphant enfin de toutes les résistances, finit par entraîner le trône et la monarchie. L'Empire comprima cet élan.

Bonaparte venait de tomber: les communes allaient se remettre en marche; et il faut dire que la pensée secrète des Sénateurs de 1814, presque tous devenus célèbres par leur adhésion aux idées de 1789, se trouvait singulièrement favorisée par les puissances alliées, intéressées à ne plus voir la France entre les mains du pouvoir absolu.

Dans une adresse du Gouvernement provisoire, on lit ce passage remarquable :

« Nous avons connu les excès de la licence popu-
« laire et ceux du pouvoir absolu, rétablissons la vé-
« ritable monarchie, en limitant par de sages lois les
« divers pouvoirs qui la composent (1). »

Plusieurs membres du Corps législatif, qui se trouvaient à Paris, se rallièrent à l'espérance *d'une Charte constitutionnelle*. C'est l'expression employée dans la lettre adressée par le président de cette réunion aux membres du Gouvernement provisoire.

Il était dans la conviction des hommes les plus éclairés, de ceux-là mêmes qui s'étaient montrés toute leur vie, et qui se sont montrés dans ces derniers temps, les amis d'une sage indépendance, que l'intervention des Bourbons pourrait peser utilement pour

(1) 1814; *Moniteur*, n° 95.

la France dans la balance des traités; les antiques lois du royaume reprenaient aussi leur empire : de nombreuses adresses, devançant la résolution du Sénat, appelaient avec énergie le chef de la branche aînée de nos anciens rois au trône héréditaire de Saint-Louis.

Le projet de constitution vit le jour; il se terminait par un article 29, ainsi conçu :

« La présente constitution sera soumise à l'accep-
« tation du peuple français dans la forme qui sera ré-
« glée. Stanislas-Xavier sera proclamé Roi des Fran-
« çais aussitôt qu'il aura juré et signé un acte portant :
« J'accepte la constitution, et je jure de l'observer et
« de la faire observer. Ce serment sera réitéré dans la
« solennité où il recevra le serment de fidélité des
« Français. »

C'était la théorie du contrat.

Ce projet reçut l'adhésion de ceux qui se trouvaient à Paris, les représentans du Corps législatif.

M. le comte d'Artois, à qui cet acte fut présenté, déclara « qu'il n'avait pas reçu du Roi le pouvoir d'ac-
« cepter la constitution, et, après son discours écrit, il
« ajouta : Je vous remercie, au nom du Roi mon frère,
« de la part que vous avez eue au retour *de notre sou-*
« *verain légitime*, et de ce que vous avez assuré par
« là le bonheur de la France (1). »

Alors s'établit une division fatale entre ceux qui voulaient se jeter sans condition entre les bras du Roi,

(1) 1814; *Moniteur*, n° 105.

et ceux qui réclamaient des limites et des garanties.

Louis XVIII n'accepta pas la monarchie contractuelle que le Sénat lui proposait; et plus tard il répondit au mouvement qui se prononçait vers les idées constitutionnelles de l'Angleterre, par cette Charte dans laquelle il déclara que l'autorité tout entière résidait dans la personne du Roi, et qu'il data de la dix-neuvième année de son règne.

C'est dans une séance royale que la Charte fut présentée à la nation. Le Roi, dans son discours, fit remarquer que la France, au milieu de ses malheurs, n'avait point perdu le rang qu'elle avait toujours occupé parmi les peuples; que la gloire des armées françaises n'avait reçu aucune atteinte; que les monumens de leur valeur subsistaient, et que les chefs-d'œuvre des arts nous appartenaient par des droits plus stables et plus assurés que ceux de la victoire.

Dans cette même séance, le chancelier M. Dambrai s'exprima dans des termes qui ne laissaient pas la possibilité d'une illusion sur le caractère que le Roi avait entendu donner à notre droit politique.

« En pleine possession de ses droits héréditaires, dit M. le chancelier, le Roi ne veut exercer l'autorité *qu'il tient de Dieu et de ses pères*, qu'en posant lui-même des bornes à son pouvoir. Le Roi déploie l'appareil imposant de la royauté pour apporter à son peuple le bienfait précieux d'*une ordonnance de réformation* (1). »

(1) 5 juin 1814; *Moniteur*, n° 156.

Les étrangers s'éloignèrent.

Des semences de division étaient restées parmi nous.

La souveraineté populaire, proclamée par la constitution de 1791, signalée par le Sénat comme pouvant devenir la source d'un contrat que Louis XVIII n'avait pas voulu former, se retrouvait jusque dans les félicitations que les villes, que les autorités constituées venaient apporter au monarque; les réponses du Roi rappelaient toujours, au contraire, les maximes de l'ancien droit politique. Dans la période qui s'est écoulée depuis le mois d'avril 1814 jusqu'au 20 mars 1815, la souveraineté populaire et la monarchie de Louis XIV sont partout en présence, comme deux fleuves qui coulent dans le même lit sans se confondre jamais.

Tandis qu'une partie de la nation sympathisait avec la maison de Bourbon, une foule de citoyens considérait sa domination comme incompatible avec les intérêts nés pendant la révolution et sous l'empire. On exagérait des fautes, des méprises, résultats inévitables d'une si longue absence; les écrivains devenaient menaçans, et la malveillance se plaisait à prêter à l'autorité royale des intentions qu'elle n'avait pas, qu'elle ne pouvait pas avoir. Déjà se faisait sentir la nécessité de distinguer les ouvrages dont la libre et rapide circulation pouvait exciter des troubles, de ceux qui, destinés à être lus avec calme et réflexion, pouvaient rester sans danger dans la responsabilité des auteurs. La loi du 21 octobre 1814 fut publiée, et rétablit relativement aux écrits de moins de vingt feuilles la censure que l'article 8 de la Charte avait implicitement abolie. Les efforts tentés pour démontrer que le mot *réprimer*, qui se trouve dans l'article 8, autorisait les dispositions évidemment *préventives* dont la presse périodique devenait sitôt l'objet, ne furent point accueillis par l'opinion.

La ligne droite de M. Ferrand, la loi relative à l'observation du dimanche, conséquence toutefois très naturelle du principe qui déclarait la religion catholique la religion de l'État; les mots magiques de *dîmes* et de *corvées;* des inquiétudes sur l'avenir des acquéreurs de biens nationaux : tels sont les germes de discordes qui fermentaient au sein de la nation, lorsqu'éclata la nouvelle du débarquement de Bonaparte.

Avant de consentir à son nouvel exil, Louis XVIII essaya de défendre des droits sur lesquels, dans d'autres temps, il n'avait pas voulu transiger. Ce fut l'objet de l'ordonnance du 7 mars 1815. Dans le préambule de cet acte, qu'il importe de bien comprendre, et qui sera rappelé dans la discussion, on lit : « L'article 14 « de la Charte constitutionnelle nous charge de faire « les ordonnances nécessaires pour la sûreté de l'Etat. » C'est donc en vertu de l'article 14 que le Roi déclare *traître* et *rebelle* un homme qui n'était pas soumis à sa domination; qu'il ordonne *de lui courir sus;* et que, par un empiètement visible sur le pouvoir judiciaire, il réduit le conseil de guerre devant lequel Bonaparte sera conduit, à l'application de la peine, *après une simple reconnaissance de l'identité :* c'était bien là veiller à la sûreté de l'État, mais ce n'était plus faire exécuter les lois (1). Vains et tardifs efforts! le règne des cents jours commença; mais ce fut en présence du congrès de Vienne, et lorsque de puissantes armées pouvaient être si facilement réunies sur les bords de la Meuse et du Rhin.

Les événemens de Waterloo rouvrirent les portes de la France à Louis XVIII, dont le retour fut marqué par une ordonnance électorale qui constitue, dans la cause actuelle, un précédent digne de beaucoup d'attention.

Cette ordonnance, en date du 13 juillet 1815, dissout la Chambre qui se trouvait assemblée au moment de la Restauration, et trace, pour la nouvelle convocation, des règles fort différentes de celles que prescrit la Charte constitutionnelle. Ainsi, l'âge fixé à trente ans pour les électeurs, par l'article 40 de la Charte, est reporté à vingt-et-un par l'ordonnance; l'âge fixé à quarante ans pour les Députés, par l'article 38 de la Charte, est reporté à vingt-cinq par l'ordonnance; le nombre des membres de la Chambre élective est augmenté dans une proportion considérable; et, chose remarquable, cette ordonnance, qui se met en opposition avec la loi constitutionnelle de 1814, ne respecte pas davantage celles des lois électorales de l'Empire, qui étaient encore en vigueur. Du reste, d'après cette ordonnance, l'élection aura

(1) Mars 1815; *Moniteur*, n° 66. V. aussi, au *Journal universel de Gand*, l'ordonnance du 4 avril 1815.

lieu par le système des deux degrés, système que la Charte n'avait pas aboli.

La chambre de 1815 s'est assemblée.

On l'a dit : depuis le rétablissement de la maison de Bourbon, deux partis se sont trouvés continuellement en présence.

C'était alors le triomphe des idées monarchiques. Le Roi, préoccupé de la catastrophe du 20 mars, dont le souvenir était alors si récent, s'effraya de la tendance aristocratique qu'il crut remarquer dans les actes de la chambre élective. L'équilibre qui doit toujours subsister entre les différens élémens du gouvernement représentatif allait peut-être se trouver détruit : le monarque le craignit du moins; la Chambre fut dissoute par une ordonnance demeurée célèbre, celle du 5 septembre 1816.

On ne se propose pas, on ne peut pas se proposer, de retracer ici toutes les phases de cette lutte obstinée, qui amena la chute de la maison régnante; Mais un fait immense par les conséquences qu'il devait inévitablement entraîner, la loi du 5 février 1817, appelle quelques méditations.

La loi du 5 février, ouvrage de la Chambre que l'ordonnance du 5 septembre 1816 avait fait naître, remplaça le système électoral jusqu'alors suivi par celui de l'élection à un seul degré, et prononçant sur une question que la loi politique laissait indécise, déclara que tous ceux qui réuniraient *trente ans* d'âge et *trois cents francs* de contributions directes, auraient le droit de voter : le droit de patente, que les lois de finances rangent parmi les contributions directes, fut ainsi mis au nombre des impôts qui devaient entrer dans la composition du cens électoral et du cens d'éligibilité.

Cette loi, que des hommes d'État signalaient comme un présage funeste pour la maison de Bourbon, prépara, en effet, la rénovation complète de notre droit politique. Chaque nouveau cinquième que recevait la Chambre élective allait renforcer les rangs déjà nombreux des hommes dont les vœux appelaient une constitution qu'ils jugeaient mieux appropriée aux besoins du pays. Un cri d'alarme, parti du sein de la Chambre des Pairs, fut pour les ministres d'alors un avertissement utile; et si la proposition de M. Barthélemy fut repoussée, du moins fit-elle comprendre la nécessité du système électoral plus conforme aux intérêts de la monarchie.

Assez de renseignemens ont été désormais réunis sur la nature du droit politique de cette époque, et sur les chances de la lutte engagée, pour que nous puissions nous placer au moment où M. de Peyronnet, alors procureur général près la Cour Royale de Rouen, entra, pour la première fois, dans le conseil du Roi.

L'ordonnance qui lui confie le portefeuille de la Justice est en date du 15 décembre 1821.

Comme tous les esprits justes, M. de Peyronnet fut soumis à l'influence des maximes posées par la loi fondamentale.

Lorsque l'on veut en effet prononcer sur les actes du ministère formé en 1821, il faut se rappeler le principe tout monarchique qui dominait alors dans la constitution, et qui, par cela même, devait dominer aussi dans les lois organiques; c'est ainsi que les maximes répandues dans le préambule de 1814, conduisirent, en 1822, le gouvernement et les Chambres à placer au premier rang des délits de la presse les attaques dirigées, dit l'article 2 de la loi du 25 mars 1822, *contre les droits que le Roi tient de sa naissance, et ceux en vertu desquels il a donné la Charte*. En 1830, le préambule a disparu, et avec lui sont tombées les dispositions répressives qu'il avait amenées (1): toujours est-il que mettre la législation en harmonie avec le droit politique, ce n'est pas assurément conspirer contre les institutions (2), c'est au contraire leur donner de la force et de la durée.

C'est ainsi que s'explique encore une loi que l'on a voulu rattacher au projet de contre-révolution, que l'on épargne à peine à la mémoire de Louis XVIII.

« Les substitutions qui conservent les biens dans « les familles, dit Montesquieu, seront très utiles « dans les gouvernemens monarchiques, quoiqu'elles « ne conviennent pas dans les autres (3). » Que l'on ne s'étonne donc plus d'une proposition de loi à laquelle le ministère se trouvait comme inévitablement

(1) V. le rapport de M. de Malleville sur l'abrogation de l'article 2 de la loi du 25 mars 1822; séance du 12 octobre 1830; *Moniteur*, n° 286.

(2) V. le discours de M. Persil; audience du 18 décembre; *Moniteur*, n° 353.

(3) *Esprit des Lois*, chap. IX, pag. 111; édition de 1769.

conduit par la nature même des choses; et encore ne s'agissait-il pas de ressusciter le droit d'aînesse dans le sens que les lois anciennes attachaient à ce mot, mais d'attribuer à l'aîné un préciput que le père de famille pouvait toujours soumettre à la loi du partage. Si le père de famille acceptait par son silence la disposition que la loi avait faite pour lui, sa mort n'était plus le signal de la dispersion de son patrimoine; ses droits politiques passaient à son successeur, et, dans un gouvernement représentatif, c'était peut-être un avantage, c'était peut-être un besoin; car, enfin, dans le système que l'on voulait modifier, le fils de l'éligible sera électeur : le fils de l'électeur ne sera rien.

Il ne s'agit pas au surplus de faire ici l'apologie du projet de loi, mais d'en expliquer la pensée, et d'en justifier la proposition.

Une autre loi, qui souleva sans doute une vive opposition, n'en reste pas moins un monument de l'état politique du pays à l'époque où elle fut présentée.

La lutte entre les hommes à qui la Charte de Louis XVIII ne suffisait pas, et ceux qui voulaient la défendre, devenait de plus en plus animée, et l'impuissance des lois pour protéger la monarchie, telle que Louis XVIII l'avait constituée, devenait aussi de plus en plus évidente.

Deux vices dans les lois répressives des délits de la presse avaient été signalés.

Inutilité de la saisie, si la publication a lieu le jour même du dépôt.

Nullité de la responsabilité, au moyen de l'intervention des éditeurs responsables.

C'est au garde-des-sceaux lui-même qu'il faut laisser le soin de retracer le mal et d'en indiquer le remède.

« Le dépôt, disait le ministre à la Chambre des « députés, est une précaution sage et nécessaire; « mais à quoi sert-elle, si elle ne précède pas la pu- « blication? le dépôt n'est utile que pour faciliter « l'examen du livre. Il n'y a que l'examen qui puisse « expliquer le dépôt. Quel avantage peut-on retirer « d'une lecture tardive, qui ne révèle le mal que « lorsqu'il est déjà consommé? qu'importe un châti- « ment même sévère, lorsque l'édition tout entière « est déjà répandue et distribuée? qu'importe une « condamnation, qui ne fait qu'augmenter la vogue « de l'ouvrage, et multiplier les profits de l'écrivain « condamné? La poursuite du délit ne doit pas, sans « doute, devancer le délit lui-même, ni la saisie pré- « céder la publication; mais n'est-il pas convenable « et juste d'accorder à l'autorité publique les moyens, « sinon de prévenir, au moins de prévoir et de pour- « suivre le premier délit, au lieu du dernier?» (1)

Ainsi le manuscrit n'était point soumis à la censure; il paraissait. Mais s'il était dangereux, ou si du moins l'autorité le jugeait tel, la publication était arrêtée dès la vente des premiers exemplaires, et ne reprenait plus son cours que quand les tribunaux avaient prononcé.

(1) Exposé des Motifs, séance du 29 décembre 1826.

C'est encore le ministre qu'il faut entendre sur l'interposition des éditeurs responsables. « On se plaint, disait-il, « de cette étrange et inexplicable fiction qui, « substituant légalement le mensonge à la vérité, li- « vrait de faux coupables à des jugemens nécessaire- « ment injustes, et demandait à nos tribunaux, pour « expiation des outrages commis envers la religion « ou la morale, des condamnations qui ne pouvaient « frapper que des innocens (1). »

Voilà les deux points de vue de cette loi, qui suscita tant d'orages, et dont cependant les intentions, quant à l'éditeur responsable, se retrouvent dans la loi de juillet 1828.

Le projet de loi sur la presse périodique n'est pas le dernier acte du ministère de 1821. Il ne faut pas oublier en effet la loi relative à l'organisation du jury.

D'après cette loi, c'est sur une liste de huit cents personnes que, chaque année, le préfet, à une époque déterminée par la loi même, choisit deux cents noms, qui, jetés dans une urne, doivent donner les soixante jurés, que demande le service des assises. Cette nécessité de choisir deux cents noms sur une liste de huit cents notables, et cela à une époque anticipée, lorsqu'aucun procès encore connu ne peut exciter aucune sollicitude, ne permet pas au préfet d'exercer la moindre influence sur la composition du jury.

C'est ce que fit remarquer M. Mestadier, qui déclara

(1) Exposé des Motifs.

hautement que, par la loi sur le jury, le ministère avait fait une noble réponse à ses détracteurs (1); ce qu'il faut dire dans le procès actuel, c'est que perfectionner l'institution du jury, ce n'était assurément pas préluder à sa suppression (2).

Tandis que des lois conçues dans l'esprit et dans l'intérêt de la monarchie, suscitaient aux ministres des ennemis puissans et nombreux, les retards apportés dans l'ouverture de la guerre d'Espagne par les preparatifs qui devaient en assurer le succès, l'émancipation de Saint-Domingue, et l'intervention relative à l'emprunt des Cortès, leur donnaient d'autres adversaires moins nombreux peut-être, mais non moins redoutables : double opposition qui fut la perte du ministère, mais qui restera le gage de son indépendance et la réfutation de tant de suppositions renouvelées si souvent, et toujours avec tant d'injustice!

Pendant les six années de l'administration de 1821, on avait vu croître, à la fois, la prospérité du pays et la volonté d'obtenir pour les classes moyennes une intervention plus réelle et plus effective dans les affaires politiques; sous l'action de la presse périodique, ces pensées qui s'étaient d'abord renfermées dans un cercle assez rétréci, s'étaient répandues dans la nation, qui ne voyait plus dans des ministres défenseurs zélés des droits de la couronne, qu'une digue qu'il fallait renverser.

La Chambre fut dissoute. Les élections démontrè-

(1) 17 Avril 1827; *Moniteur*, n° 106.

(2) V. le rapport de M. Bérenger, page 4.

rent que le principe démocratique avait pris alors un grand ascendant.

L'accusation, en parlant des troubles qui éclatèrent à cette époque, nous a donné le droit de rappeler que ces événemens ne ressortissaient point de la juridiction du garde des sceaux, et lui sont demeurés complétement étrangers; que, du reste, un arrêt rendu par la Cour royale de Paris, a réfuté les accusations, dont à cette occasion l'autorité publique avait été l'objet.

La Chambre qui sortit des élections ne s'avançait hostile que pour le ministère; les ministres durent se retirer. Il restait encore une ressource à la monarchie: on verra que cette conduite, toute simple vis-à-vis la Chambre de 1827, n'était plus praticable en présence de celle de 1830.

Faisons une pause, et jetons un regard sur l'administration de ce ministre si vivement attaqué, de cet homme si méconnu que l'adversité vient de révéler à son pays.

C'est à M. de Peyronnet que l'on doit l'idée de ces tableaux synoptiques qui mettent chaque année sous les yeux du prince et du public le compte général de l'administration de la justice criminelle dans toute l'étendue du royaume. Il est utile d'extraire quelques passages du rapport qui accompagnait ces tableaux présentés pour la première fois au mois de février 1827. On va voir quelle idée il se faisait de nos institutions, le ministre si souvent présenté comme un ennemi du gouvernement constitutionnel: « Par ce

« moyen, dit-il, les améliorations qui auront été « obtenues dans un tribunal, seront connues et imi- « tées dans les autres. Chacun s'efforcera de donner « des exemples dignes d'être suivis ; personne ne vou- « dra être vaincu dans cette lutte généreuse, et, « quelque satisfaisante que soit déjà la marche de la « justice, je ne crains pas d'assurer qu'elle en de- « viendra chaque année plus régulière et plus ferme.

« C'est principalement dans cette vue que ce travail « a été entrepris. Mais il est aisé de prévoir qu'il con- « tribuera dans la suite au perfectionnement de la lé- « gislation elle-même, dont il fera ressortir, avec la « même évidence, les avantages et les inconvéniens. « Le gouvernement de Votre Majesté sera averti, par « cette suite d'observations, des changemens qui pour- « raient devenir nécessaires. Ces tableaux, distribués « aux Chambres, ne serviront pas seulement à justi- « fier l'emploi des sommes qui sont allouées au budget « de mon département pour les frais de justice : les « hommes qui aiment à méditer sur les matières cri- « minelles y puiseront, sur tout ce qui se rattache à « l'application de cette partie de nos lois, des notions « claires et précises qu'ils chercheraient vainement ail- « leurs. *La connaissance exacte des faits est un des « premiers besoins de notre forme de gouvernement : « elle éclaire les délibérations, elle les simplifie, elle « leur donne des bases certaines, en substituant les « lumières positives et sûres de l'expérience au vague « des théories* (1). »

(1) 12 février 1827, *Moniteur*, n° 43.

Cette heureuse innovation excita l'admiration des étrangers, et fut applaudie en France par les hommes de tous les partis.

C'est M. de Peyronnet qui remit en honneur ce vieil adage, que la terre de France est une terre de liberté, en déclarant libre, par une décision du 17 juillet 1824, tout esclave, quel que soit le lieu d'où il vienne, par cela seul qu'il entre en France, et pour le temps qu'il y reste.

Rappelons une décision de l'ancien ministre, plus utile et plus chère encore à l'humanité.

Avant l'administration de M. de Peyronnet, quand les condamnés à la peine capitale s'étaient pourvus en cassation, sans joindre un recours en grâce, le pourvoi rejeté, on renvoyait immédiatement les pièces pour l'exécution de l'arrêt, sans autre examen : c'est M. de Peyronnet qui a établi que, même dans ce cas, l'affaire serait soigneusement examinée dans les bureaux, afin de savoir s'il n'y aurait pas au procès des circonstances atténuantes et propres à justifier une commutation de peine.

Cette vérification, toute d'office, et faite alors même que la grâce n'était pas implorée, a sauvé la vie à une foule de condamnés.

Une administration active et vigilante, de grands travaux destinés à l'amélioration de nos lois criminelles, un principe de liberté mis en honneur, des hommes arrachés à l'échafaud qui les attendait, des existences protégées dans l'avenir par cette vérification officieuse et tutélaire, dont l'usage sera sans doute précieusement conservé, voilà des souvenirs qui plaident hautement la cause de l'ancien garde des sceaux, au sein d'une nation généreuse qui ne sait pas prendre d'engagemens avec la haine, qui ne refuse jamais d'écouter ceux qu'on accuse, et qui sera toujours empressée d'abandonner des préventions, des erreurs, pour prendre en main la cause de l'innocence et de la vérité! (1)

A peine M. de Peyronnet était-il rentré dans la vie privée, qu'un procès, dont le souvenir l'a poursuivi jusque devant la noble Cour, appela sur lui l'attention publique.

Est-il donc vrai, comme on l'a tant de fois répété, que M. de Peyronnet ait eu envers MM. Bissette, Fabien et Volny, le tort affreux de s'être interposé entre leur infortune et la justice? Cette question, il faut enfin la résoudre.

Vers la fin de 1823 paraît en France une brochure ayant pour titre : *De la Situation des gens de couleur libres aux Antilles françaises.*

Cet écrit, qui passe inaperçu à Paris et sur tout l'ancien continent, excite les passions à la Martinique. MM. Bissette, Fabien et Volny, tous trois hommes de couleur libres, sont mis en jugement, comme coupables d'avoir colporté cet écrit, et condamnés par un arrêt du 12 janvier 1824 à des peines rigoureuses.

(1) L'histoire de la restauration ayant été présentée par M. de Martignac, et celle du ministère de 1821 par M. de Peyronnet lui-même, on a dû supprimer à l'audience le travail que l'on rétablit ici.

Les trois condamnés annoncent en vain l'intention de se pourvoir. Une opinion établie dans la colonie, et qui veut que les arrêts de la justice coloniale soient affranchis, en matière criminelle, du recours en cassation, ne permit pas de les entendre.

Les condamnations, au nombre desquelles s'en trouvaient de malheureusement irréparables, furent exécutées, et les trois condamnés furent embarqués pour la France, où ils devaient subir la captivité perpétuelle qui leur était infligée.

A peine ont-ils touché le port de Toulon, que MM. Bissette, Fabien et Volny constatent, par une protestation notifiée à M. le sous-préfet, l'intention de se pourvoir en cassation.

M. Isambert, leur avocat, adresse, sous la date du 9 mai, un pourvoi et un exemplaire imprimé de l'arrêt au ministère de la marine.

Si le pourvoi n'était point recevable, du moins s'adressait-on à l'autorité compétente; puisque, pour les colonies, toutes les fonctions du ministre de la justice sont remplies par le ministre de la marine. Toutefois, le 10 mai, M. Isambert s'adresse à la Chancellerie, et y fait parvenir aussi un pourvoi auquel était joint un exemplaire imprimé de l'arrêt.

Le 12 mai, mémoire ampliatif de M. Isambert au garde des sceaux sur la question de savoir si, d'après les législations coloniales, le pourvoi était recevable.

Le 14 mai, le garde des sceaux ou pour mieux dire la Chancellerie transmet le pourvoi au ministère de la marine. A la vérité l'exemplaire imprimé qui, n'ayant aucun caractère, ne pouvait être utile devant la justice, et dont au surplus un double était à la Marine, reste dans les bureaux.

Pendant vingt mois, silence absolu vis-à-vis du garde des sceaux.

Ce n'est que le 27 décembre 1825, qu'une lettre de M. Isambert réclame la remise des pièces adressées à la Chancellerie au mois de mai. Voici textuellement la réponse du garde des sceaux:

Paris, le 17 janvier 1826.

MONSIEUR, d'après la demande que vous m'en avez faite, par votre lettre du 27 décembre dernier, je vous transmets l'imprimé de l'arrêt de la Cour royale de la Martinique, du 12 janvier 1824, qui condamne les sieurs Bissette et Volny aux galères perpétuelles.

La requête en cassation de ces condamnés, que vous m'avez adressée en même temps que cette pièce, par votre lettre du 10 mai 1824, *a été transmise, le* 14 *du même mois, à M. le ministre de la marine.*

Recevez, Monsieur, l'assurance de ma parfaite considération.

Le garde des sceaux, ministre secrétaire-d'État de la justice,
signé comte de PEYRONNET.

Qu'était-il cependant arrivé pendant ces vingt mois de silence que nous avons signalés?

Au mois de juillet 1824, M. Chauveau-Lagarde, avocat de l'un des condamnés, avait voulu déposer un pourvoi au greffe de la Cour de cassation, et voici la réponse qu'il avait reçue du greffier, telle que la rapporte la *Gazette des Tribunaux* du 28 janvier 1828, nº 78.

« Le greffier me dit qu'il ne pouvait pas le recevoir, « attendu qu'il était incertain si la Cour pouvait ad- « mettre une requête, lorsque les pièces ne lui avaient « pas été transmises par le ministère de la marine. »

Sous le rapport de la transmission du pourvoi, il devient donc impossible d'adresser un reproche à l'ancien garde des sceaux. Aussi l'accusation, qui se renfermait d'abord dans cette nature de plainte, a-t-elle changé d'objet. C'est dans la correspondance qui s'est établie entre le garde des sceaux et le ministre de la marine, sur la question de savoir si le pourvoi était admissible, qu'on va puiser de nouveaux griefs. Il est très vrai que le directeur des colonies écrivit successivement deux lettres au ministre de la justice, pour le consulter sur l'admissibilité du pourvoi formé par les hommes de la Martinique.

Par la première réponse, le garde des sceaux déclina, et fit observer que c'était uniquement à la Cour de cassation qu'il appartenait de prononcer.

Par la seconde, il se prononça, il est vrai, pour la non-admissibilité; et c'était en effet là, au moment de cette réponse, l'opinion généralement adoptée.

Et voilà d'après quels faits on accuse l'ancien garde des sceaux :

1º De détournement de pièces;

2º De déni de justice;

3° D'usurpation de fonctions;

4° D'avoir agi en haine de ceux qui recouraient à son autorité.

Ces accusations que la justice avait rejetées par un jugement d'incompétence, ont été renvoyées, par la Chambre des députés, à la commission chargée d'instruire le procès politique.

Les plaintes des hommes de couleur ont peu de rapports avec la trahison;

Mais enfin,

1° On n'a rien supprimé, soustrait ou détruit. L'exemplaire imprimé, qui était resté dans les bureaux par oubli, et à l'insu du ministre, a été remis à la première demande qu'en a faite M. Isambert.

2° On n'a supprimé aucun *acte* ou *titre*, car la copie imprimée n'avait point ce caractère.

3° L'oubli des bureaux ne pouvait nuire à personne; en premier lieu, parce que la Cour de cassation n'aurait pas et n'a pas en effet jugé sur cette copie; en second lieu, parce que le ministre compétent avait lui-même une pareille copie qu'il aurait eu le droit de transmettre s'il l'eût jugé convenable.

Déni de justice:

Comment cela serait-il possible?

Le renvoi fait au ministre de la marine était l'accomplissement de tous les devoirs du garde des sceaux dans une affaire qui ne rentrait pas dans son département.

L'usurpation de fonctions:

Le garde des sceaux a envoyé au ministre de la

marine une pièce qui le concernait, et qui avait été adressée à tort aux bureaux de la Chancellerie. Cela n'était-il pas dans ses fonctions?

Il a répondu au directeur des colonies. N'en avait-il pas le pouvoir? Il a répondu à l'avocat des parties. N'en avait-il pas le droit?

Et voilà cependant tout ce qu'il a fait, ou omis.

Quant à la haine, comment y croire?

Où donc, dans tout ce qu'on vient de lire, en trouver le caractère?

Il était nécessaire d'éclaircir ce reproche tant de fois répété, et il est permis maintenant de reporter les yeux sur le mouvement des affaires politiques.

La réconciliation entre le pouvoir monarchique et l'opposition parlementaire était apparemment impossible, puisqu'elle ne vint pas récompenser les soins du ministère de 1828, de ce ministère si justement placé sous le nom de l'orateur qu'amène dans cette enceinte un dévouement dont l'histoire gardera le souvenir, mais dont ses annales n'avaient pas offert l'exemple (1).

Après deux sessions de ménagemens, et d'efforts tentés pour s'entendre, la position se révéla dans toute sa vérité.

La loi électorale, la loi sur la presse, la présentation des lois municipales, rien ne parut suffire aux exigeances de l'opinion qui triomphait. La majorité de la Chambre en demandant, par amendement, la suppression des conseils d'arrondissement, dont l'organisation seulement était mise en discussion, signala

(1) M. de Martignac.

l'intention positive de s'emparer de l'initiative que la Charte attribuait exclusivement au Roi. En vain des hommes dont l'opinion n'était point suspecte s'élevèrent-ils contre cette usurpation. La majorité tout à coup, fortifiée par une combinaison parlementaire, s'obstina dans sa résolution. « Nous marchons à l'anarchie, » avait dit un homme qui s'était montré l'ami des libertés publiques : la prédiction se vérifiait, la loi fut retirée. Le Roi comprit qu'une direction nouvelle devenait nécessaire : le ministère du 8 août 1829 fut appelé.

Partageant ses loisirs entre les charmes de l'étude et les devoirs qu'il avait à remplir comme Pair de France, M. de Peyronnet pouvait vivre heureux et tranquille ; c'était du port qu'il contemplait les orages : cette situation ne devait pas durer toujours. Au mois de mai 1830, la voix du Roi se fit entendre ; et toutefois si, dans la marche des affaires, M. de Peyronnet avait pu découvrir quelque chose des intentions prêtées par la presse périodique au ministère du 8 août, aucune considération ne l'aurait fait entrer dans une combinaison politique inconciliable avec ses doctrines et ses projets.

Mais au moment où, pour la seconde fois, M. de Peyronnet est entré dans le conseil du Roi, le ministère dont il consentait à faire partie ne s'était annoncé que par des actes empreints de l'amour du pays, et qui ne révélaient assurément pas d'intentions hostiles à nos institutions (1).

(1) Voir aux pièces justificatives la notice sur les actes du ministère du 8 août.

Un mémoire présenté au Roi, le 14 avril, un mois avant l'arrivée de M. de Peyronnet aux affaires, démontre que les pensées secrètes se trouvaient parfaitement d'accord avec les actes extérieurs. Les intentions les plus constitutionnelles et les plus généreuses se retrouvent à chaque ligne de ce mémoire, qui doit inspirer d'autant plus de confiance qu'il offre tous les caractères d'un écrit confidentiel.

Le premier acte du nouveau ministre de l'intérieur, fut une circulaire inspirée par l'amour de l'ordre et de la légalité.

« M. le préfet, dit le ministre, le Roi a daigné me « confier la direction du département de l'intérieur.

« Je connais la difficulté de cette importante partie « de l'administration; mais l'expérience des magistrats « qui lui appartiennent me donne l'espérance de les « surmonter.

« Je ne leur demande que l'exécution des lois. Je « la demande prompte, exacte, entière, loyale. Faire « toujours ce qu'ordonne la loi, faire avec opportunité « ce qu'elle permet, ne faire jamais ce qu'elle défend, « tel est à mes yeux le devoir d'un sage et habile ad- « ministrateur (1). »

Quel ministre, quel homme d'État ne s'honorerait pas de professer ces principes, qui furent la règle invariable, la règle inflexible de tous les actes qu'il importe d'énumérer.

C'est sur le rapport de M. de Peyronnet qu'intervient l'ordonnance qui, satisfaisant à un vœu depuis long

(1) Circulaire du 20 mai 1830.

temps formé par les amis de l'humanité, veut que les individus condamnés correctionnellement à plus d'une année de prison, soient seuls envoyés dans les maisons centrales de détention pour y subir la peine qui leur aura été infligée.

« Parmi les 21,000 individus qui doivent être ren-« fermés dans les maisons centrales, dit le ministre « de l'intérieur, on compte 2,300 condamnés à un an. « Ceux-ci, moins coupables que les premiers, seront « plus convenablement placés dans les prisons dépar-« tementales, *où ils seront plus rapprochés de leurs* « *familles, et plus à portée d'en recevoir des secours* « *et des consolations.* »

Ces spécialités ne détournent pas les regards du ministre du but plus important encore vers lequel tendent tous ses vœux. L'étendue de l'administration qui lui était confiée répondait à l'activité de son ame.

Développement de notre agriculture et de notre industrie, suppression des entraves apportées par la législation au mouvement du système municipal, protection à l'indigence, au malheur, voilà les idées dont il poursuit l'accomplissement. C'est ce que témoigne une circulaire en date du 31 mai, monument durable de son attachement à ses devoirs et à son pays, dans laquelle il appelle les administrateurs placés dans son département, à révéler au gouvernemement tous les genres d'amélioration dont le sol et l'industrie sont susceptibles (1).

(1) Pièces justificatives.

Ainsi la France va trouver l'application de toutes ses forces; ainsi vont se développer, avec une nouvelle énergie, tous les germes de prospérité que son sein renferme.

Cependant un épouvantable fléau désole depuis plusieurs mois une de nos plus riches provinces ; la flamme ravage la Normandie, et les auteurs de ces scènes de désolations échappent à toutes les recherches.

Le ministre de l'intérieur attaque cette effrayante combinaison par le seul moyen qui puisse en livrer le secret à la justice. Il dit dans la lettre du 10 juin qu'il adresse aux préfets du Calvados et de la Manche : « Je vous autorise à publier la promesse d'une récom- « pense pécuniaire en faveur de quiconque procurerait « l'arrestation de tout individu qui aurait fait des pro- « positions, donné de l'argent ou fourni des matières « inflammables pour provoquer ou faciliter la consom- « mation de ces crimes. »

Le ministre ajoute : « Je me réserve de solliciter de « la bienveillante justice du Roi, des grâces d'une autre « nature quand il y aura lieu. »

Il dit enfin : « Les tribunaux, dont le zèle infati- « gable a si puissamment secondé le vôtre, auront « d'ailleurs à examiner si l'art. 108 du Code pénal, en « vertu duquel on doit exempter de toute peine ceux » des auteurs et complices de crimes attentatoires à la « sûreté intérieure du royaume, qui ont donné con- « naissance du projet de crime, ou procuré l'arrestation « des coupables, ne devra pas recevoir son application « aux faits et aux personnes que je viens de désigner. »

Un important travail sur le commerce de la librairie, un beau rapport sur les conseils généraux du commerce et des manufactures, par suite l'ordonnance qui déclare que ces deux genres de conseil n'en forment plus qu'un seul, et *qui accorde aux chambres du commerce du royaume l'élection directe de leurs membres :* tels sont les actes qui nous séparaient des élections.

Il faut ici remonter à une époque antérieure au second ministère de M. de Peyronnet.

Le 3 mars, une parole descendue du trône n'avait que trop signalé l'agitation des esprits; l'adresse, la prorogation, la dissolution de la Chambre, tous ces symptômes précurseurs d'une crise prochaine, ne laissaient cependant pas le conseil sans espérance. Plus le danger devenait imminent, plus on croyait pouvoir se confier dans la résolution que prendraient les électeurs. Le pouvoir se plaisait à voir le pays, non pas tel qu'il était, mais tel qu'il désirait qu'il fût. On parlait, on exagérait beaucoup les regrets qu'avaient manifestés, disait-on, plusieurs des membres de la majorité; et quand on songe aux aveux d'aujourd'hui, on comprend des illusions que le résultat final des élections devait bientôt dissiper.

S'il ne convient pas d'interrompre un récit par des réflexions qui trouveront mieux leur place dans la discussion, il est cependant une vérité que dès à présent il importe de saisir et de fixer.

Le droit de la naissance, le pouvoir préexistant, ces maximes inscrites dans le préambule de la Charte *oc-*

troyée, et rappelées dans la loi de 1822, ne permettaient pas de méconnaître les limites que le Roi législateur avait entendu donner à la puissance parlementaire. D'après l'ordre politique fondé en 1814, tout ce qui n'avait pas été positivement concédé par la couronne, était resté dans son domaine. Si donc les Chambres avaient reçu de la constitution le droit d'émettre un vote sur les lois proposées, et notamment sur la loi de finances, c'était sous la condition implicite, mais évidente, que les motifs de vote seraient puisés dans le mérite même de la proposition; que cette participation, déterminée dans son objet, ne se transformerait pas en un moyen d'influer sur la composition du cabinet, et de s'emparer d'un droit de contrôle sur la marche générale imprimée aux affaires. Or ce n'était plus ainsi que la constitution était comprise.

Je dis qu'une partie de la nation, celle-là même dont les idées dominent aujourd'hui, s'était proposé, au moyen de l'intervention nécessaire des Chambres dans le vote des subsides, de dominer le choix des ministres, de s'emparer ainsi de la prérogative, et par cette importante et décisive conquête, d'arriver à la modification des droits essentiels de la couronne. Oui, la Charte de 1814 était menacée, et véritablement je ne comprendrais pas qu'il fallût beaucoup d'efforts pour le prouver.

C'est par les organes les plus accrédités de l'opinion populaire que des projets destructeurs de la constitution sont révélés : et que l'on ne dise pas avec dédain que les journaux ne sont pas l'opinion publique : non, les journaux ne sont pas l'opinion publique; mais ils sont l'expression d'une pensée à laquelle se rallie un nombre plus ou moins grand de suffrages. Cette pensée qui va se reproduire comme elle s'exprimait sous le ministère du 8 août, la victoire l'a proclamée la volonté nationale.

On a dit que quelle que fût la marche du gouvernement, quels que fussent ses actes, quelle que fût même la bonté intrinsèque de ses lois, il fallait les rejeter, et placer ainsi le monarque dans la nécessité impérieuse, dominatrice, de changer son ministère (1). Dès le mois de septembre 1829, on avait vu s'établir une association fondée sur la supposition que le budget serait rejeté par les Chambres, et, chose remarquable, des députés avaient pensé que le titre dont ils étaient revêtus, que leur position politique ne s'opposait pas à ce qu'ils se rangeassent parmi les confédérés. Un député, en donnant son adhésion, énonça même cette opinion, que, s'il venait à y avoir violation manifeste de la Charte, le pays pourrait refuser l'impôt quoique le budget fût voté par les trois pouvoirs.

Si donc une Chambre hostile à l'autorité royale apparaissait, s'il devenait certain qu'un appel aux électeurs n'amènerait qu'une Chambre plus hostile encore, le gouvernement, réduit à la nécessité de prévenir

(1) Voir les journaux de l'opposition, notamment dans tout le cours de janvier et de février 1830.

la cessation de tous les services en s'adressant aux contribuables, devait rencontrer sur tous les points de la France une résistance encouragée par les associations qui venaient de donner à l'opposition une sorte d'organisation financière. Et que l'on y prenne garde, cette marche était d'autant plus habile que les poursuites du ministère public, s'il en intentait, pouvaient amener, soit au barreau, soit même dans les arrêts de condamnation, des manifestations de principes favorables au projet de l'association; aussi, les associés applaudirent-ils avec raison à cet arrêt de la Cour royale de Paris, qui ne les condamnait qu'en s'élevant avec énergie contre la pensée des coups d'état : la défaite était évidemment une victoire. Premier moyen de s'emparer de la prérogative, *refus absolu, refus systématique, refus intégral de l'impôt.*

Et quelles sont donc les intentions ultérieures de ceux qui menaçaient ainsi la couronne de la placer dans une sorte d'interdit? devaient-ils s'arrêter à un changement de ministère? Non, car enfin qu'importent les personnes? c'est de l'opinion qu'il s'agit.

Les journaux s'en expliquent avec franchise dans des articles qui reproduisent avec force l'ordre du refus de budget, et qui expliquent ensuite l'usage de la puissance que donne cette sorte de *veto*. Enfin la volonté d'obtenir, par l'intervention que la Charte donne aux Chambres, des résultats semblables à ceux qui sortent naturellement de la constitution des États-Unis et surtout de celle de l'Angleterre, était expliquée sans détour par un journal qui sut trouver dans l'accusation même dont il fut l'objet une occasion solennelle de professer et d'avouer hautement ses doctrines et ses espérances. *Il faut que le ministère soit choisi dans les rangs de l'opposition, il faut que la Chambre n'oublie pas que le gouvernement tout entier est de son ressort. Le Roi doit régner et non pas gouverner.* Voilà la doctrine de l'opposition, et cette doctrine, c'était la destruction de la Charte de Louis XVIII.

Telle était la situation politique et morale de la France, au moment où les colléges électoraux se réunissaient. Voyons quelle sera dans cette position difficile la marche du ministre de l'intérieur.

Il n'entre pas dans sa pensée de répudier des actes qui, pour n'avoir pas été son ouvrage, ne lui sont pas restés étrangers. Le Roi, dans des circonstances dont il n'était donné à personne de méconnaître l'extrême gravité, voulut, comme dans des circonstances semblables l'avait fait Louis XVIII, s'adresser à la nation. On peut lire la proclamation de 1830, et l'on n'y trouvera pas des indications aussi formelles, aussi positives que celles consignées dans les instructions de 1816, revêtues de l'approbation du Roi, ou dans la proclamation de 1820.

Ce n'est pas aux votans de l'adresse, qui ne sont l'objet d'aucune exclusion, mais c'est évidemment à la presse périodique, que s'adressent plusieurs allusions. Du reste ces mots :

« Les droits sacrés qui sont l'apanage de ma cou-
« ronne sont la garantie de la paix publique et de vos
« libertés. La nature du gouvernement serait altérée, si

« de coupables atteintes affaiblissaient mes préroga-
« tives, et je trahirais mes sermens si je le souffrais ; »
ces mots renferment toute la question posée entre la Chambre élective et la couronne.

Une circulaire du ministre annonça la ferme intention de garantir à tous les électeurs cette sécurité profonde, condition nécessaire de la liberté des élections. « Que les électeurs, dit le ministre, sentent que la
« protection des lois leur est assurée, et que vous
« mettez au rang de vos premiers devoirs celui qui
« veut que vous garantissiez à tous vos administrés le
« libre et paisible exercice de leurs droits (1). »

Le résultat des élections découvrit l'abîme. La majorité constatée par l'adresse se trouvait fortifiée dans une grande proportion, et il fut facile de prévoir comment allait se terminer cette lutte où la prérogative se trouvait depuis si long-temps engagée.

Que dans un tel état de choses des mesures de gouvernement soient devenues nécessaires, personne ne voudrait le nier. C'est seulement sur la nature, sur l'opportunité des mesures à prendre, que la discussion pouvait porter.

Toute sécurité serait bannie des conseils des rois, si la fidélité aux sermens n'était pas la loi, l'inflexible loi de l'avenir. Aussi, lorsqu'une question qui pouvait, qui devait être posée fut adressée par le chef de ces débats (2), il n'est personne qui n'ait compris comment cet homme d'État l'aurait résolue pour lui-même.

(1) Voir cette circulaire aux pièces justificatives.

(2) M. le baron Pasquier.

Le malheur ne délie pas des sermens, a dit M. le comte de Peyronnet : je lui laisserai l'honneur de cette noble résolution ; mais il ne peut pas m'être interdit de réfléchir sur les deux voies qui s'ouvraient devant le ministère. Il ne peut pas m'être interdit de consulter les vraisemblances, et surtout de lire la procédure.

Il est évident que la vie parlementaire, les combats et les chances de la tribune se présentèrent d'abord à l'attention du conseil. Pourquoi ne pas porter aux chambres la nouvelle du triomphe d'Alger ? Les députés des départemens voudraient-ils donc, étouffant le cri de leur conscience, repousser, sans examen, des lois bonnes et populaires? Et s'ils paralysaient les intentions paternelles du Roi par des refus déraisonnables, n'était-ce pas alors que le monarqne pourrait avec confiance en appeler à la nation ?

Ce système séduisant, par ce qu'il renfermait de confiant et de généreux, pouvait être balancé par des faits incontestables.

On pouvait répondre : ne vous faites point illusion sur les dispositions de la majorité des électeurs ; c'est un changement dans les bases de la constitution, qui, depuis quelques années, est le but avoué de tous leurs efforts. Tant que le principe de l'élection n'aura pas pénétré dans toutes les parties de l'administration municipale, et n'aura pas reçu toutes les applications dont il est susceptible; tant que, par le partage de l'initiative, les chambres ne se seront pas associées à la plus importante des prérogatives de la couronne; tant que le système représentatif ne sera pas en France ce qu'il est en Angleterre, la mission véritable que les électeurs ont donnée à leurs mandataires ne sera pas accomplie : *le Roi doit régner et non pas gouverner.* Telle est la doctrine que l'on vient substituer à celle qui veut que, sous la modification d'une intervention limitée dans son objet, l'autorité soit concentrée tout entière dans la personne du Roi. Les députés seront inflexibles; les intérêts, les projets arrêtés à l'avance, ne se laissent pas persuader. Les électeurs seront fidèles à la pensée qui les a dirigés au moment de leur choix, et la nation tout entière refusera des impôts que la chambre élective n'aura pas votés : si donc vous n'êtes pas résolus au sacrifice, à la destruction de la prérogative, car, en cette matière, modifier c'est détruire; si vous voulez vous montrer fidèles dépositaires de la constitution confiée à votre foi, empressez-vous de chercher dans de nouvelles combinaisons politiques le salut de la monarchie : que le système représentatif demeure, mais que la haute propriété soit investie d'une influence justifiée par les lumières plus étendues, par le plus grand intérêt, qui s'en trouvent inséparables. Rétablissez cette élection à deux degrés, qui se lie très bien avec les dispositions de la Charte constitutionnelle, ce système calculé sur les positions sociales, ce système dont une longue expérience a prouvé la sagesse, ce système qui, depuis la restauration, a présidé deux fois à la formation de la Chambre, et qui notamment a donné à la France cette Chambre de 1816, qui ne fut jamais accusée de s'être mise en opposition avec les intérêts populaires. Du reste, ne croyez pas au recouvrement de l'impôt, sans un budget voté dans les formes constitutionnelles; ne provoquez pas des refus écrits à l'avance dans l'association Bretonne, ce qui ne ferait qu'ajouter aux embarras de votre situation.

Ainsi la tribune, une modification dans le système électoral, ce sont là les deux idées qui se sont partagé les membres du conseil.

A quelle pensée devait donc s'attacher de préférence un homme qui, si souvent, avait développé des talens parlementaires dont cette enceinte même a conservé le souvenir?

Il n'est pas une des personnes qui m'entendent qui ne me comprennent et ne me répondent: il est d'ailleurs impossible de laisser dans la région du doute et des conjectures ce qui se trouve dans le domaine du fait établi, et de la vérité démontrée.

Il faut distinguer, dit M. de Ranville, « entre le « système en lui-même et les ordonnances qui n'en « étaient que la mise à exécution. Je combattis ce sys- « tème... Mes opinions n'ayant pas prévalu, j'attachai « peu d'importance au texte des ordonnances, qui « n'était que la conséquence inévitable du plan adopté, « et qui d'ailleurs ne donnèrent lieu dans le conseil, « qu'à des discussions sur des objets de détails et les « formes grammaticales. » Et lorsque la commission demande à M. de Ranville quel est celui de ses collègues qui l'a appuyé dans son opposition, M. de Ranville répond :

« Cette circonstance pouvant sauver l'un de mes « collègues sans nuire aux autres, je n'ai pas de raison

« de refuser de déclarer que mon opposition fut partagée dans le conseil par M. de Peyronnet. »

Loin de moi cependant le projet d'établir de fatales différences entre des hommes animés de sentimens également honorables. Nul doute ne s'élevait dans l'esprit d'aucun des membres du conseil sur le pouvoir que la raison, que la Charte constitutionnelle donnait à la couronne pour les jours de péril. On hésitait sur le choix des moyens; mais il y avait unanimité dans la pureté des intentions : tout le monde voulait sauver le trône et la patrie.

Et pourquoi donc, s'écriera-t-on peut-être, les ministres ne se retiraient-ils pas? Pourquoi ne pas céder à la majorité comme en 1827?

On l'a dit, les circonstances n'étaient plus les mêmes; il ne s'agissait plus d'un changement dans les personnes, mais d'une grave modification dans les choses. Les embarras restaient identiques, si les nouveaux conseillers de la couronne n'étaient pas choisis dans les rangs de l'opposition. Il fallait reprendre le mouvement où l'avait laissé le retrait de la loi municipale, se jeter dans ces concessions larges et profondes que réclamaient avec tant d'instances et d'autorité les organes d'une opinion qui venait de dominer dans les colléges électoraux. Il ne s'agissait plus des intentions douteuses et des majorités incertaines de 1828. Le changement du ministère c'était l'abandon de la prérogative, c'était le changement de la constitution du pays.

Le système que MM. de Ranville et de Peyronnet

ont combattu réunit cependant la majorité ; les ordonnances en étaient la mise en œuvre.

Pourquoi donc, dira-t-on encore, les dissidens se sont-ils associés à des mesures qu'ils condamnaient ? Pourquoi n'ont-ils pas imité l'exemple de MM. de Chabrol et de Courvoisier ? Il a été expliqué dans les débats qu'à l'époque de la retraite de ces deux ministres, aucune mesure de ce genre n'avait été adoptée ni même proposée. Il existe d'ailleurs bien des sortes de courage : le courage de rompre avec le conseil, par cela seul qu'on n'avait pas pu le dominer ; de ne point adhérer à des mesures que la Charte autorisait dans les circonstances graves, et cela lorsque les circonstances étaient telles qu'il était impossible de s'en dissimuler la gravité ; le courage de condamner ainsi, par une éclatante séparation, les efforts que l'on allait tenter dans l'intérêt du trône et de l'État ; le courage de payer d'une pareille ingratitude les bontés de deux Rois, ce courage, M. de Peyronnet ne le connaît pas ; il n'hésite même pas à le déclarer, il préfère son malheur aux pensées douloureuses, aux remords déchirans dont une résolution différente eût été pour lui l'intarissable source !

Les ordonnances datées du 25 juillet, ont paru dans le *Moniteur* du lundi 26.

Il importe à M. de Peyronnet, comme membre de l'ancien ministère, de constater l'opinion qui régnait dans le conseil sur les conséquences probables que les ordonnances devaient amener.

Il était impossible qu'un homme engagé depuis plusieurs années dans la lutte politique dont l'origine remonte à la restauration, ne fût point dans la conviction que l'apparition des ordonnances produirait dans Paris une vive sensation. Mais il était permis d'espérer, et il y a preuve irrécusable que ce fut là l'opinion du ministère, que l'agitation se renfermerait dans le cercle où la lutte politique se concentrait.

C'est une idée énoncée dans le rapport du 14 avril, que l'agitation qui se faisait remarquer depuis plusieurs années *n'avait pas pénétré dans les masses ;* que le Français, heureux du bien-être qui se manifestait dans toutes les branches du commerce et de l'industrie ne mettrait, point au hasard le bonheur réel dont il jouissait. Au moment de la révolution, disait-on, il s'agissait de conquérir; il faut aujourd'hui conserver. Les raisons qui causèrent les troubles de 1789 assurent la tranquillité de 1830.

Quoi qu'il en soit des motifs qui fondèrent la sécurité du ministère, quelque jugement que l'on en doive porter, du moins est-il certain que cette sécurité fut profonde, et que surtout jamais ne s'offrit à la pensée des anciens ministres l'idée de cette guerre cruelle, qui joint à tous les malheurs de la guerre étrangère des douleurs et des regrets que celle-ci ne connaît pas.

Ce sont les témoins qu'il faut laisser parler.

M. de Champagny, sous-secrétaire-d'État au ministère de la guerre, M. de Foucaud, colonel de la gendarmerie de Paris; M. Bayeux, avocat-général; M. Komierowski, aide-de camp du maréchal duc de Raguse, et M. de Guise, ne laissent pas sur cette vérité la possibilité d'un doute. Ces dépositions, je ne les remettrai pas sous les yeux de la Cour, qui en a conservé le souvenir. Il est constant que la pensée des ordonnances n'amena aucun genre de précautions. La garnison ne reçut pas de renfort. Il est constant qu'il y avait alors autour de Paris moins de troupes que de coutume. M. de Raguse, qui reçoit le 25 le commandement de la garnison, faveur depuis long-temps sollicitée pour lui, n'apprend que le 26, et par le *Moniteur*, l'existence des ordonnances. Pas un ordre, pas une disposition militaire.

C'est là un point de vue général qui intéresse tous les ministres accusés.

Je passe à ce qui tient à la conduite personnelle de M. de Peyronnet pendant les trois journées de juillet.

Tout était profondément calme dans Paris, quand le ministre de l'intérieur reçut le lundi la première visite de M. de Chabrol de Volvic, préfet du département de la Seine.

C'est vers deux heures que la journée du mardi a pris un caractère très affligeant; plus tard les ministres se sont réunis à l'hôtel du Ministère des Relations exterieures, qu'ils ont quitté vers huit heures. Ici M. de Peyronnet, avec une loyauté qui respire dans toutes ses paroles, a dit : « J'ai vu sur la route des mouvemens, des attroupemens. » Ainsi ce sont ses yeux qui l'ont instruit de l'agitation qui régnait dans Paris, car du reste, dans la journée du mardi, aucun rapport ne lui est parvenu. Il est resté dans l'isolement le plus complet.

Que s'est-il passé cependant dans ce conseil du mardi? La mise en état de siége fut-elle arrêtée définitivement et sans condition, fut-elle subordonnée à l'aspect que la ville présenterait le lendemain?

Cette distinction n'a pas échappé à M. de Guernon-Ranville, qui comprend parfaitement la position de la question, mais qui n'est pas fixé sur la solution qu'elle doit recevoir. Un souvenir différent existe à cet égard chez M. de Chantelauze et chez M. de Peyronnet. Deux hommes également honorables vous disent que la mesure fut arrêtée, l'un sans condition, l'autre avec une condition; cette dissidence ne doit pas surprendre; dans combien de circonstances n'a-t-on pas vu la même résolution ne pas être entendue dans le même sens par ceux-là mêmes qui l'ont prise.

La journée du mercredi a commencé pour M. de Peyronnet par une troisième visite de M. de Chabrol de Volvic qui remarque *que le ministre de l'intérieur n'est pas complétement informé*. La voiture du ministre était prête, c'était le jour du conseil. M. de Peyronnet se rend à Saint-Cloud; il y trouve M. Capelle: mais, après y avoir inutilement attendu ses collègues, il reprend la route de Paris.

Que M. de Peyronnet ait combattu le système que les ordonnances ont mis en œuvre, qu'importe? Le moment des dangers est arrivé; M. de Peyronnet ne se renfermera pas dans son hôtel, il se rend aux Tuileries; et, après avoir attendu long-temps dans le cabinet du Roi, il passe dans une autre partie du château, où des heures se consument encore inutilement.

La visite de MM. Laffitte, de Lobau, Casimir Perrier, Gérard et Mauguin avait eu lieu ; les députés étaient même partis, lorsque enfin M. de Peyronnet a rejoint ses collègues, réunis depuis quelque temps à l'état-major. Là sans doute se sont lentement écoulées les heures d'une cruelle inaction ; mais a-t-on bien pu faire à M. de Peyronnet un crime de son impuissance ? Enchaîné par sa signature, dépossédé, par la guerre, de toute influence même administrative, par quelle nature d'intervention pouvait-il donc arrêter les événemens dans leur marche ?

C'est le jeudi seulement qu'une lueur d'espérance brille enfin à ses yeux. MM. de Sémonville et d'Argout arrivent à l'état-major. Une occasion favorable se présente enfin ; avec quel empressement M. de Peyronnet ne va-t-il pas la saisir !... Rendez-vous près du Roi... Eh quoi ! vous n'êtes pas encore parti... Et, dans le jardin des Tuileries, rappelez-vous ces paroles, ces gestes expressifs, cette main étendue vers Saint-Cloud, et l'autre vers la ville, théâtre de tant de malheurs ! Et cependant il existe quelque chose de plus honorable encore que cet empressement inspiré par l'humanité, ce sont les explications données dans l'intérêt d'un compagnon d'infortune, et qui sans doute sont présentes à vos souvenirs. Saint-Cloud a vu le dernier conseil des ministres de Charles X, et désormais forts de la connaissance intime des faits, nous ne reculerons pas devant l'examen de l'accusation.

DISCUSSION.

La route est tracée; je suivrai dans sa marche le défenseur qui m'a précédé; comme lui j'examinerai les questions préjudicielles et les questions du fond.

PREMIÈRE PARTIE.

QUESTIONS PRÉJUDICIELLES.

L'accusation est inadmissible :

1° Par défaut d'objet et d'intérêt;

2° Par impossibilité d'offrir aux accusés les garanties qui, dans ces sortes de causes, sont promises par les lois;

3° Par l'absence de toute loi répressive.

DEUXIÈME PARTIE.

LE FOND.

L'ancien ministre de l'intérieur n'a fait usage de son pouvoir :

1° Ni pour fausser les élections, ni pour priver les citoyens du libre exercice de leurs droits civiques;

2° Ni pour porter atteinte aux institutions du royaume;

3° Ni pour concourir, soit à la formation, soit à l'exécution d'un complot attentatoire à la sûreté de l'État.

PREMIÈRE PARTIE.

QUESTIONS PRÉJUDICIELLES.

PREMIÈRE PROPOSITION.

1° *L'accusation est inadmissible par défaut d'objet et d'intérêt.*

C'est à la puissance bien plutôt qu'à la personne que s'adressent les accusations nées du principe de la responsabilité ministérielle. Il faut que le ministre perde sa position politique, qu'il soit à jamais, par sa condamnation même, mis en dehors du gouvernement. Voilà surtout ce que veut obtenir le pouvoir démocratique lorsqu'il accuse, et c'est presque toujours là tout ce qu'il est juste de lui accorder. Les résolutions prises par un ministre peuvent trouver des explications, des excuses, dans la situation morale et politique du pays, dans des dangers qui, pour être difficiles à constater, n'en sont pas moins réels. Tant de causes, fort indépendantes de la volonté des hommes qui sont au timon du navire, peuvent les avoir poussés au milieu des écueils, qu'il y a raison et justice dans cette modération, qui doit rester la loi de ces graves discussions !

Cette pensée est exprimée avec un rare bonheur

par un publiciste dont personne ne contestera l'autorité, M. Benjamin Constant; écoutons-le :

« La mort, ni même la captivité d'un homme, « n'ont jamais été nécessaires au salut d'un peuple, « *car le salut d'un peuple doit être en lui-même* (1). »

Et il faut dire que, dans la chambre des Cent jours, des idées fort sages et fort justes ont été développées sur cet important sujet.

Il fut alors démontré par M. Manuel, que ce n'était pas l'existence physique, mais l'existence morale, qu'il faut enlever au ministre accusé. Et dans la vérité, comment frapper de mort un ministre qu'une domination inévitable, que des illusions ont peut-être entraîné, et qui, tout en compromettant son pays, avait cependant la pensée de le servir? Fermez toutes les carrières à la faiblesse, à l'erreur, vous aurez fait assez pour la justice, pour le pays; et, je le dis avec assurance, ce n'est pas dans la cause actuelle, dans cette cause, où les dangers de la constitution paraissaient inévitables, et semblaient solliciter l'emploi d'un remède héroïque, qu'il serait possible de sortir de la jurisprudence amie de l'humanité, qui trop tard sans doute a fini par s'établir chez nos voisins d'outre-mer.

Il devient donc certain que, dans la situation des choses, le procès n'a pas d'objet déterminé, d'intérêt véritable. Et si l'on réfléchit sur cette fiction politique, qui veut que le monarque, dont les droits,

(1) M. Benjamin Constant, de la *Responsabilité ministérielle.*

dont la couronne sont inviolables, ne puisse être frappé que dans la personne de ses ministres, on s'arrête, on cherche, on se demande si Charles X est encore sur le trône, si c'est lui que l'on veut avertir par la condamnation de ses ministres ; et à la vue de la dynastie nouvelle, on reste plus pénétré encore de cette vérité, que le procès est sans but et sans intérêt véritable. La vie politique des accusés est finie; pourquoi donc une accusation ?

2° *Absence des garanties promises par la loi dans ces sortes de causes.*

C'est à la Cour des Pairs, on l'a reconnu, qu'il appartient de prononcer; mais au moment où ses délibérations commenceront, les modifications que sa composition a subies ne se représenteront-elles pas à la pensée des nobles juges? C'est le pouvoir accusateur qui naguère a privé la Cour d'une partie de ses élémens légitimes et nécessaires. Un serment, une question de conscience, a fait sortir de cette enceinte une partie de ceux que les lois appelaient à nous juger. Enfin, la Chambre élective s'est réservé le droit de prononcer sur l'hérédité de la Pairie. N'est-ce donc pas la Chambre accusatrice elle-même qui vous impose, par ces précédens tous émanés d'elle, le devoir d'une équitable modération dans l'exercice du pouvoir inhérent à votre juridiction?

L'absence de toute loi répressive amène un autre ordre d'idées.

Si la Charte de 1814, après avoir dit que les ministres pourraient être accusés pour fait de trahison et de concussion, avait gardé le silence comme le fait celle de 1830, il serait possible d'admettre qu'une sorte d'arbitraire aurait été abandonnée à la Chambre des Pairs, dans l'appréciation des faits ; mais l'article 56 de la Charte de 1814, après avoir dit que les ministres ne peuvent être accusés que pour fait de trahison ou de concussion, ajoute : *des lois particulières spécifieront cette nature de délit, et en détermineront les poursuites.* Au moment où la Charte de Louis XVIII fut publiée, ce n'était assurément pas dans le passé, et par exemple dans les constitutions précédentes, dans celle de l'an VIII invoquée par l'accusation, qu'il fallait aller chercher ces lois particulières que la Charte promettait ; c'est de l'avenir qu'il fallait les attendre.

Que dans les projets plusieurs fois présentés aux Chambres sur cette importante matière, la Charte constitutionnelle ait été placée sous la garantie de la responsabilité ministérielle, il importe peu ; ces discussions sans résultat ont rendu plus explicite, plus saillante peut-être, cette vérité, que le crime de trahison n'a pas été défini. Et, maintenant, je le demande aux esprits les plus irrités, est-ce la mort que l'on peut faire sortir du silence des lois ! Fermons le Code pénal qui, publié en 1810, n'a pas eu pour objet de remplir la promesse faite en 1814 ; répétons ce que les orateurs de l'opposition ont tant de fois démontré, que, dans l'absence de toute loi organique et répressive, la responsabilité ministérielle n'a été qu'un mot, qu'une illusion, mais ne supposons pas, pour frapper des accusés, qu'il soit possible de considérer comme existantes, des garanties constitutionnelles que la Charte ne donnait pas. Qui nous a dit qu'en présence d'une législation menaçante, les ministres n'auraient pas hésité? Comment leur supposer la pensée d'un jeu funeste, dont les conditions n'étaient écrites nulle part? Que l'ancien droit politique soit donc convaincu d'impuissance et non pas complété par des arrêts de condamnation? Ne devons-nous pas aussi mettre à profit les enseignemens de l'histoire? N'est-ce pas au milieu des bénédictions de toute l'Angleterre que fut publié ce statut d'Édouard III, qui fit rentrer la justice dans les accusations politiques, en définissant les cas de haute trahison? Le Parlement n'a-t-il pas excité l'indignation des contemporains, n'a-t-il pas encouru celle de la postérité, en ajoutant à cette loi équitable et protectrice le *salvo*, qui veut que les tribunaux, avant de prononcer sur cette nature de crime, attendent que le Roi et le Parlement aient déclaré si le fait inculpé doit être considéré comme un acte de trahison, ou seulement de félonie? Enfin, ne retentissent-elles pas encore, ces paroles de Strafford, qui forment comme une sorte de protestation solennelle contre toutes les sévérités imprévues, contre toutes les rigueurs rétroactives?

« Si, faisant voile sur la Tamise, disait l'illustre « accusé, je brise mon vaisseau sur une ancre, et qu'il « n'y ait point de bouée qui serve d'avertissement, « la partie me tiendra compte du dommage; mais si

« l'ancre est bien marquée, ma perte est sur mon « propre compte.

« Où est ici la marque attachée au crime? à quel « signe ai-je pu le distinguer? Il est demeuré caché « sous l'eau; toute la prudence, toute l'innocence hu- « maine ne pouvaient me sauver de la ruine dont je me « vois menacé.

« Il n'y a pas moins de deux cent quarante ans que « les trahisons ont été définies, et dans un si long es- « pace, je suis le premier, le seul pour qui l'étendue « du crime ait été poussée si loin. Milords, nous avons « vécu heureusement pour nous-mêmes dans l'intérieur « de notre patrie, nous avons vécu glorieusement au « dehors pour le monde; contentons-nous de ce que « nos pères nous ont laissé; que l'ambition ne nous « fasse pas souhaiter d'en savoir plus qu'eux dans « ces arts meurtriers et destructifs. Vous serez extrê- « mement justes, Milords, vous aurez bien pourvu à « votre sûreté, à celle de vos descendans, à celle du « royaume entier, si vous jetez au feu ces sanglans et « mystérieux volumes de trahisons arbitraires et cons- « tructives, comme les premiers chrétiens y jetaient « leurs livres d'arts curieux, pour vous attacher à la « simple lettre du statut qui vous dit où est le crime, et « qui vous marque la route par laquelle vous pouvez « l'éviter. »

Les accusés ne peuvent pas, à l'exemple de Strafford, invoquer un statut renfermant la définition du crime de haute trahison. C'est l'absence même de toute législation qui fait la force de leur défense. Mieux encore que le ministre de Charles Ier, ils ont le droit de dire qu'aucune marque, qu'aucun signe ne leur indiquait l'écueil et ne les préservait du naufrage!

Une réflexion que provoque le renversement du trône de Charles X, terminera ce que j'avais à vous dire sur les moyens préjudiciels déjà traités avec autant d'habileté que d'étendue.

La plus dure de toutes les conditions imposées à l'existence du corps social, c'est la nécessité d'admettre des fictions légales que l'équité naturelle condamne. Aussi les hommes que les lois constitutionnelles appellent à prononcer sur les faits de responsabilité ministérielle doivent-ils éprouver un sentiment douloureux à la vue d'un accusé qu'il faut frapper, et qui, cependant, dans la signature qu'il a donnée, a manifestement suivi l'impulsion imprimée par la volonté royale, et n'a commis d'autre crime que celui de n'avoir pas su se défendre d'une sorte d'oppression souveraine et dominatrice. Toutefois, et dans l'ordre habituel des choses, le ministre que sa signature engage, est sans réponse et sans défense alors même qu'il n'aurait fait que céder aux volontés du prince. Responsable de sa condescendance, comptable de sa faiblesse, il subit, par une condamnation qui ne le frappe que pour avertir le monarque, les conséquences du terrible contrat qu'il a formé en acceptant de dangereux honneurs. Le ministre est condamné, la nation a parlé au prince un langage qu'il a dû entendre. Que le ministre reste désormais à genoux sur les marches du trône, qu'il en appelle aux souvenirs du monarque, à sa conscience : tel est l'ordre constitutionnel et régulier. Mais si l'inviolabilité royale, établie dans l'intérêt même du peuple, n'a pas été respectée; si le peuple a choisi, s'il a préféré le renversement du trône, le changement de la dynastie, aux satisfactions qu'il pouvait trouver dans la fiction constitutionnelle, j'accorderai que le ministère du roi déchu n'est pas à l'abri de toute responsabilité, mais du moins faudra-t-il reconnaître que la fiction, impuissante pour protéger le trône, ne restera pas puissante pour arracher aux ministres toutes les armes qu'ils pourront trouver dans le droit commun. La question ne sera plus une question de responsabilité légale, mais une question d'intention, question toute morale laissée à l'appréciation des juges devenus les maîtres de prendre en considération les explications, les faits atténuatifs qui ressortiront du procès.

« Le roi est sacré, vous a dit le premier défenseur; « ses ministres sont responsables. La première moitié « de cette loi est déchirée, et c'est un lambeau à la « main qu'on réclame l'exécution rigoureuse, l'exécu- « tion sanglante de la seconde! » C'est un lambeau à la main, dirai-je à mon tour, que l'on veut imposer à la conscience des juges les conséquences d'une fiction méconnue dans cette première partie, qui est la raison, la cause unique de la seconde. Si la responsabilité est encore possible, il faut du moins qu'elle soit jugée d'après les principes qui servent, dans les habitudes de la justice, à peser les actions des hommes !

DEUXIÈME PARTIE.

Au fond, l'ancien ministre de l'intérieur n'a fait usage de son pouvoir,

1° *Ni pour fausser les élections et priver les citoyens de leurs droits civiques;*

2° *Ni pour changer arbitrairement et violemment les institutions du royaume;*

3° *Ni pour concourir à la formation d'un complot ayant pour objet d'exciter les citoyens à la guerre civile.*

Ce sont là désormais les seuls chefs de l'accusation portée contre les anciens ministres; l'impartialité de MM. les commissaires de la Chambre élective, devancée par la justice de M. le rapporteur, a banni du procès une cruelle supposition qui offrit un moment les accusés à de trop légitimes indignations. Non, les anciens ministres n'ont point fait incendier le pays dont l'administration leur était confiée; l'accusation le reconnaît, et cette déclaration, qui s'attache à tous les membres du ministère, se fortifie pour M. de Polignac de la déposition faite par un homme bien informé, M. de Champagny, témoin de toutes les anxiétés, de toute la sollicitude du premier ministre; et pour MM. de Peyronnet et de Chantelauze, par la preuve acquise au procès qu'ils ont lutté tous deux contre le fléau, et déployé toutes les ressources du pouvoir pour découvrir et saisir les coupables. Quelles paroles plus décisives, au surplus, sur cette accusation abandonnée, que celles de M. le commissaire?

« Nous avons vérifié tout ce que l'instruction a pro-
« duit, et nous devons à la vérité de déclarer, ainsi que
« l'a fait votre rapporteur, qu'il n'existe sur ce point
« aucune charge contre le ministère en masse, ni
« contre aucun des ministres en particulier; qu'on a
« même recueilli des preuves contraires en faveur de
« MM. Chantelauze et de Peyronnet (1). »

Que ces paroles retentissent en dehors des murs de cette enceinte. L'innocence des anciens ministres, sur le fait des incendies, est désormais une vérité hors de toute controverse; et l'on connaît les efforts tentés par le ministre de l'intérieur pour arrêter les ravages de ce fléau.

Il faut aborder les véritables questions du procès.

1° *Le ministre de l'intérieur n'a point fait usage de son pouvoir pour fausser les élections, et priver les citoyens de l'exercice de leurs droits civiques.*

C'est dans le Code pénal que MM. les commissaires de la Chambre des Députés ont puisé le texte sur lequel ils appuient ce premier chef d'accusation; et, comme le Code pénal ne contient pas une seule fois le mot de trahison, comme la date de son existence est

(1) M. Persil, audience du 18 décembre.

antérieure de quatre années à la publication de la Charte constitutionnelle, il est évident que ce texte, quel qu'il soit, ne peut être considéré que comme élément de l'une de ces accusations constructives et par accumulation, que l'histoire a jugées depuis longtemps.

Toutefois, lisons :

Art. 109 du Code pénal de 1810.

« Lorsque par *attroupement, voies de fait ou me-« naces*, on aura empêché un ou plusieurs citoyens « d'exercer leurs droits civiques, chacun des coupa-« bles sera puni d'un emprisonnement de six mois au « moins, et de dix ans au plus, et de l'interdiction du « droit de voter et d'être éligible pendant cinq ans au « moins et de dix ans au plus. »

Par attroupement, par voies de fait. — N'y a-t-il pas quelque chose d'antipathique entre la position du gouvernement, son intérêt non moins que son devoir, et les deux circonstances que vient de signaler la loi ? Au surplus, sous ces deux premiers rapports, la réfutation se lit dans cette circulaire adressée le 15 juin 1830 par le ministre de l'intérieur à tous les préfets du royaume, pièce déjà lue devant la cour, et où se trouvent ces passages :

« Les élections doivent être libres ; elles ne peuvent « l'être qu'autant que les électeurs jouissent d'une en-« tière sécurité. Il y a violation des droits consacrés « par la Charte, toutes les fois que, par des insultes, « des menaces, des démonstrations publiques et tu-« multueuses, on entreprend d'imposer des suffrages

« ou de détourner les électeurs timides d'un devoir
« qu'ils peuvent croire dangereux.... Prenez des me-
« sures pour que les abords des colléges soient libres,
« que les personnes des électeurs *soient indistinctement*
« *respectées*, qu'aucun outrage ne leur soit adressé,
« qu'aucune clameur populaire ne puisse exercer d'in-
« fluence sur leur vote, qu'aucun tumulte extérieur
« ne se fasse entendre dans le lieu des séances et ne
« trouble l'ordre des opérations électorales . . . . .

. . . .

. . . .

« Que les électeurs sachent et sentent que la pro-
« tection des lois leur est assurée, et que vous mettez
« au rang des premiers devoirs celui qui veut que vous
« garantissiez à tous vos administrés le libre et paisi-
« ble exercice de leurs droits. »

Mais à quoi nous arrêtons-nous ? Ce sont *les menaces* dont parle la loi, qui sont toute l'accusation. Par ces menaces, les commissaires veulent signaler une domination illégale, oppressive, qui, détruisant la liberté partout où peut s'exercer l'influence, aurait vicié, corrompu dans sa source le principe du gouvernement représentatif.

Voilà ce que MM. les commissaires croient avoir trouvé dans la correspondance du ministre de l'intérieur, soit avec ses collègues, soit avec ses subordonnés. Plusieurs pièces sont indiquées ! L'une est une circulaire du 13 avril, et M. de Peyronnet n'est arrivé au ministère que le 20 mai ; l'autre est une lettre inspirée par le sentiment du devoir. Un préfet outragé par un de ses subordonnés, à l'occasion des élections, se plaint au ministre, qui ne peut pas se dispenser de transmettre la plainte à celui de ses collègues qui peut faire justice, comme les convenances et l'ordre hiérarchique le voulaient.

Deux autres lettres sont invoquées, et, lorsqu'on pense à l'étrange objection que ces deux lettres ont autorisée, on a besoin de reporter sa pensée sur les douloureux événemens dont cette cause est entourée, sur l'immense importance de la décision qu'elle doit amener, pour se défendre d'un sentiment qui ne doit toutefois trouver ici aucune place.

Par la première de ces lettres, le ministre demande qu'une bourse soit accordée à une famille qui peut exercer de l'influence sur le résultat des élections; mais la lettre ne dit pas, ne permet pas de supposer que cette famille n'avait pas d'ailleurs des droits à la faveur qu'elle sollicitait. Une ville réclame l'avantage d'un relai de poste, et le ministre de l'intérieur fait observer que si l'intérêt de la population, celui d'une bonne et utile administration, veut que cette demande ne soit pas accueillie, il convient du moins de ne pas jeter ce motif d'éloignement et de regret au milieu des opérations électorales. C'est une question d'opportunité; est-ce donc là autre chose que de la sagesse, et le ministre ne serait-il pas digne de reproches, s'il avait conseillé d'agir autrement? d'ailleurs, comment trouver là les menaces de l'article 109?

Le renversement des institutions constitutionnelles, voilà sans doute l'accusation véritable, l'accusation tout entière, et qu'il était superflu de compliquer par des reproches que rien ne justifie.

2° *Le ministre de l'intérieur n'a point fait usage de son pouvoir pour changer arbitrairement et violemment les institutions du royaume.*

Dans la vie des empires comme dans la vie des hommes, le cours des événemens peut amener des chances qui dépassent toutes les combinaisons humaines. Il est alors du devoir des gouvernans de sauver la patrie et de se rappeler que le salut public ne s'écrit pas dans les lois.

« J'avoue, a dit Montesquieu, que l'usage des peu-
« ples les plus libres qui aient été jamais sur la terre,
« me fait croire qu'il est des cas où il faut mettre un
« moment un voile sur la liberté, comme l'on cache
« les statues des dieux (1). »

Cette pensée se retrouve chez un publiciste moderne.

« Il est aisé, a dit un orateur, il est aisé de triom-
« pher dans la défense des principes de la Charte qui
« sont les principes éternels de la raison et de la jus-
« tice. Cependant, quand on avance d'une manière
« absolue que ces principes ne peuvent jamais être
« suspendus, on affirme l'une de ces deux choses :

(1) *Esprit des Lois*, liv. XII, chap. XXIX. Comment on suspend l'usage de la liberté dans une république.

« ou bien que les nations ne tombent jamais dans un
« état qui leur prescrive ce douloureux sacrifice,
« ou bien que, quand elles y tombent, c'est un de-
« voir pour elles de périr, ou du moins d'en courir
« les risques, plutôt que de s'écarter un seul jour
« des règles établies dans d'autres temps et pour
« d'autres circonstances. »

Ces doctrines expliquent chez les anciens la nomination d'un dictateur dans les temps d'orages; elles expliquent aussi la formule *caveant consules*, cette seconde dictature qui renfermait tous les droits de la première; c'est aussi là que se trouve l'apologie du droit qui suspend en Angleterre la loi protectrice de *l'habeas corpus*, et qui met ainsi à la merci du pouvoir, la plus précieuse, la plus intime des libertés.

Si donc il n'existait, pour justifier les ministres, d'autres maximes que celles écrites dans la politique universelle, il serait encore possible de comprendre la conviction sous l'empire de laquelle ils ont agi; mais comment oublier l'article 14 de la Charte constitutionnelle, comment fermer les yeux sur les termes si simples qui s'y rencontrent? Comment perdre la mémoire des interprétations que ces termes ont reçus?

On lit dans l'art. 14 : « Le roi fait les réglemens et ordonnances nécessaires pour l'exécution des lois et la sûreté de l'État. »

Ces expressions sont d'une généralité qui ne prête guère à la controverse; on ne conçoit pas que quand l'État est menacé, le pouvoir de le sauver puisse accepter des limites.

Comment croire aussi que le sage auteur de la Charte, que les hommes éclairés dont il s'est environné, aient voulu que les temps orageux fussent gouvernés par les mêmes principes que les temps calmes et paisibles?

N'est-ce pas d'ailleurs calomnier la loi, faute de vouloir l'entendre, que d'y placer des dispositions trompeuses qui semblent renfermer un sens et qui cependant n'en auraient aucun?

La première partie de l'article 14 reconnaît, dans la personne du Roi, le droit de faire des ordonnances pour l'exécution des lois. Pourquoi parler de la sûreté de l'État, si cet intérêt immense n'ajoute rien aux pouvoirs de la couronne? Qui ne voit que si, lorsque l'État est en danger, le Roi ne peut faire usage que de ce droit de prescrire l'exécution des lois que lui donne la première partie de l'article, la seconde partie de ce même article se trouve complétement inutile?

C'est, au surplus, dans le sens le plus absolu et le plus illimité, que le droit de faire des ordonnances pour la sûreté de l'État a été compris, et par le fondateur de la Charte constitutionnelle, et par des hommes d'une haute autorité.

L'opinion de Louis XVIII, sur le sens de l'art. 14, se trouve tout entière dans le préambule de l'ordonnance rendue à l'époque du retour de Bonaparte à Paris. Nous ne pouvons qu'y renvoyer. Quant aux opinions émises sur l'art. 14, on les retrouve à chaque page de notre histoire parlementaire.

Il fut expliqué en 1822, à l'époque où fut présentée

la loi sur la liberté de la presse, que le droit de prendre toutes les mesures que réclame la sûreté de l'État, se trouvait positivement, explicitement exprimé dans l'article 14, et que dès lors le gouvernement pouvait, dans les circonstances graves que suppose l'article, rétablir la censure par ordonnance. On peut consulter, sur ce point, le rapport de la commission, et les explications qui l'ont suivi (1).

Voici les paroles que prononçait dans cette discussion un jurisconsulte depuis long-temps versé dans la connaissance du droit public et dans l'étude des lois de son pays :

« L'histoire de toutes les nations, disait M. de « Sèze, présente, à des époques plus ou moins rapprochées, des momens de crise où les moyens ordinaires de gouvernement ne peuvent plus suffire aux « besoins de la société. Dans ces momens, la nature « même des choses veut que l'autorité soit investie de « pouvoirs extraordinaires. Ainsi, Rome avait sa dictature, et d'autres États ont connu, sous d'autres « formes, des moyens de salut du même genre. L'article 14 de la Charte attribue au Roi, quoi qu'on « en puisse dire, le droit inhérent à toute autorité suprême de prendre, dans les circonstances difficiles, « telles mesures que sa sagesse jugerait propres à assurer le salut de la monarchie; et, parmi ces mesures, « une de celles qui peut présenter le plus d'utilité, est, « sans doute, le rétablissement de la censure dans les « temps de trouble et d'agitation. »

(1) *Moniteur* de 1822, n° 20.

Que de fois l'opposition s'est appuyée sur l'art. 14 pour signaler comme inutiles les lois d'exception que le pouvoir venait demander à la puissance parlementaire !

« Pourquoi, disait un pair, dans la discussion de la « loi sur la liberté individuelle, pourquoi solliciter de « nouvelles lois, quand on a dans l'art. 14 de la Charte « tous les moyens de pourvoir à la sûreté de l'État (1)? »

Il ne faut pas nier toutefois que l'interprétation de l'art. 14 ne soit souvent devenue l'objet des plus vives controverses, et c'est ici que la question soumise en ce moment à la noble Cour se retrouve dans toute sa vérité. S'agit-il donc de fixer le sens de l'art. 14 ? Non ; il s'agit d'apprécier les intentions des ministres accusés, il s'agit de se demander si, de bonne foi, ils ont pu croire au sens que les termes de cet article autorisaient, et que les hommes les plus éminens, les plus éclairés, avaient depuis long-temps adopté. C'est une cause de droit criminel qu'il faut juger. Les ministres disent qu'ils étaient unanimes, au moment de la signature des ordonnances, sur le droit qu'ils avaient de prendre toutes les mesures que le salut de l'État exigeait. Eh bien ! dans l'état de la législation politique qui régissait alors la France, cette conviction était possible, inévitable peut-être. Comment oublier aussi que depuis la révolution de 1830, l'interprétation à laquelle ont cru les ministres est précisément celle qu'une foule d'écrivains ont adoptée (2). Si le sens aperçu par les anciens mi-

(1) 14 février 1817, *Moniteur*, n° 45.

(2) En fait, la révolution de juillet a bien détruit quelque

nistres ne se présentait pas naturellement à l'esprit, pourquoi, dans la Charte nouvelle, l'ancienne rédaction de l'art. 14 n'a-t-elle point été conservée? pourquoi, à la place de ces mots, *et pour la sûreté de l'État,* lit-on ces expressions : *sans pouvoir jamais ni suspendre les lois elles-mêmes, ni dispenser de leur exécution?* Plus on réfléchit sur le passé, plus on considère le présent, plus on reste persuadé que, sur la question d'interprétation, il est possible de délibérer, mais que sur la question d'intention, une seule opinion est possible.

Ce pouvoir d'agir que les ministres pouvaient admettre, supposait, toutefois, l'existence d'un grand danger. Ici se présente une question d'un autre ordre.

Ce serait une erreur que de juger de la sécurité d'un Etat par le calme apparent dont il présente l'image. Le paiement des impôts, l'obéissance aux lois se concilient très bien, trop bien peut-être avec le projet d'introduire d'importantes modifications dans la constitution du pays, et l'on comprend que les hommes qui méditent de si graves pensées se gardent bien, tant que l'heure n'a pas sonné, de donner l'exemple de la désobéissance aux lois. Que ceux qui, par état, par position, ne sont point appelés à réfléchir sur les théories qui sont la vie des empires, sur les principes qui sont, pour la société au sein de laquelle ils vivent, des

chose : par exemple, un trône fondé sur le droit divin, un préambule de la Charte octroyée qui consacrait ce droit, *un article 14 de cette Charte qui établissait un pouvoir supérieur à elle.* (*Globe*, 7 octobre 1830.)

conditions d'existence, que ceux-là jugent par les apparences, on le comprend; mais l'homme d'État ne doit pas s'arrêter aux faits extérieurs, il doit pénétrer dans les projets les plus cachés, il doit prévenir dans un ordre de choses où il est si difficile de combattre et de réparer.

Que penser d'un ministre qui, mis en jugement pour avoir été sans prévoyance, répondrait: que pouvait-on prévoir? Les impôts ne se payaient-ils pas?

Que la prospérité, l'incontestable prospérité dont jouissait la France au mois de juillet 1830 ne soit donc pas un obstacle à l'examen de la situation véritable du pays, sous le rapport de ses intérêts immatériels et de sa constitution politique.

J'ai parlé du refus systématique de l'impôt, j'ai parlé du projet de repousser les lois les plus populaires, je complète le tableau par quelques citations.

Ce n'est pas seulement, a-t-on dit, *un changement d'hommes que la France veut, c'est un changement de système.*

N'a-t-on pas dit encore : *une nouvelle combinaison ministérielle, pour être durable, doit arriver par les Chambres à la couronne?*

Un Journal très accrédité ne s'expliquait-il pas ainsi: *si la Chambre veut renverser ce ministère, il faut qu'elle prenne l'initiative, qu'elle entre dans le gouvernement?*

Dans la lutte qui va s'ouvrir, nous aimons mieux pour la majorité parlementaire l'attaque que la défensive.

N'a-t-on pas reproché à la Chambre de 1828, *de ne s'être occupée, pendant les deux premières sessions, que de la bonté intrinsèque des lois qui lui étaient soumises, d'avoir borné sa mission à une sorte de haute-critique sur les conceptions ministérielles*, A UN VOTE CONSCIENCIEUX SUR LES LOIS? *Ne l'a-t-on pas excitée à prendre la haute-main sur la direction des affaires publiques?* Ne lui a-t-on pas dit, QUE LE GOUVERNEMENT TOUT ENTIER ÉTAIT DE SON RESSORT?

Ce n'était assurément pas là la Charte de Louis XVIII.

Des écrivains n'enseignaient-ils pas que le gouvernement représentatif était inséparable des formes sous lesquelles il existe en Angleterre, et que ces mots : *gouvernement représentatif et constitution anglaise* exprimaient une pensée identique; et cependant que de différences entre le système de la constitution anglaise et celui de la Charte de 1814! Chez les Anglais, et depuis la convention de 1688, l'autorité royale est sortie de la puissance parlementaire : en France, le Roi s'est proclamé la source de tous les pouvoirs. Chez les Anglais, l'initiative était demeurée dans les Chambres : chez nous, le droit de proposer la loi est resté le partage exclusif de la couronne. Pour le parlement anglais, droit incontestable de contrôle sur la marche imprimée aux affaires : chez nous, intervention limitée dans son objet. N'est-il donc pas maintenant permis de dire que le projet hautement annoncé de retrouver, au moyen du refus de l'impôt, la liberté britannique, dans la constitution française, devait éveiller la sollicitude des ministres, gardiens nécessaires du trône fondé par Louis XVIII? Est-il permis aussi d'oublier aujourd'hui tant de circonstances solennelles où la France, représentée par ses plus légitimes organes, se plaisait à signaler dans la prérogative royale, telle que la Charte l'avait reconnue, la garantie de tous les intérêts nationaux?

Il est vrai que la Chambre n'avait pas dit qu'elle conformerait ses actes aux conseils que lui donnait la presse périodique; mais la presse périodique n'avait-elle pas présidé à la formation de la chambre nouvelle? N'était-il pas évident que la majorité, plus forte, plus compacte que la première, sympathisait avec les vœux exprimés par les journaux? Et, dans cette lutte entre la presse et la prérogative, n'était-il pas permis de penser que la session ne s'achèverait pas sans un notable changement dans la constitution du pays?

Un homme que l'opposition comptait avec orgueil dans ses rangs, et qui a laissé de nobles souvenirs et de profonds regrets, Camille Jordan, parlait de l'apparition d'une Chambre hostile comme d'un signal que les gouvernemens devaient savoir comprendre. Voici comment il s'exprimait dans la discussion provoquée par la loi électorale de 1820 :

« ...... Si, par la contradiction la plus étrange, du « sein d'une nation qui n'aspire qu'au repos, avait pu « sortir une Chambre factieuse qui méditât le renver- « sement, c'est alors que tant de moyens légaux, dont « le trône est pourvu pour sa défense, se seraient dé- « ployés avec convenance et avec majesté; c'est alors « que les mesures *extraordinaires de réformation*

« pouvaient à leur tour être appelées, justifiées par « une évidente nécessité ; l'opinion elle-même, de« vançant les besoins et les vœux du pouvoir, lui eût « demandé de ne pas se manquer à lui-même, eût ap« plaudi à tous les actes d'une salutaire énergie par les« quels il eût sauvé et la liberté et le trône (1). »

Eh bien! le moment indiqué par Camille Jordan était venu. La nécessité des mesures extraordinaires de réformation s'était fait sentir; le pouvoir n'a-t-il pas pu penser qu'il ne devait pas se manquer à lui-même!

Au surplus, n'oublions jamais que c'est un procès criminel qui s'agite devant la noble Cour.

Que le ministère ait pu s'abuser sur les intentions de la Chambre, on l'accorde; que tant de prédictions aient dû se dissiper comme de vaines illusions, que la conquête du budget n'ait rien dû coûter à la prérogative, on le suppose; mais si ces derniers défenseurs de la Charte toute monarchique, que nous avons reçue d'un des descendans de Louis XIV, ont conçu des inquiétudes pour la loi constitutionnelle qu'ils avaient juré de défendre, qui pourrait leur en faire un crime? car enfin, c'est une question de volonté, d'intention que la noble Cour est appelée à juger. Je le dirai donc, avec le défenseur qui m'a précédé : les accusés ne peuvent être déclarés coupables de trahison pour avoir changé volontairement et arbitrairement les institutions du pays; car, en droit, ils ont pu,

(1) *Moniteur*, 26 mars 1820.

sans crime, croire la couronne autorisée à agir en dehors des lois pour la sûreté de l'Etat; en fait, ils ont pu, sans crime, croire la sûreté de l'État menacée, et l'emploi du pouvoir extaordinaire devenu nécessaire.

Oh! vous, qui nous accusez, pourquoi vous défendez-vous de votre gloire? Ecoutez, écoutez les magnifiques éloges que prodigue l'historien de l'Angleterre aux fondateurs de la liberté Britannique : « La Cham-« bre, dit Hume, *règne de Charles I*er, était presque « absolument gouvernée par un certain nombre de per-« sonnes d'une capacité rare et d'une étendue de vues « extraordinaire qui formait alors un parti régulier, « uni tout à la fois par des projets fixes et par les souf-« frances que plusieurs d'entre eux avaient essuyées « en poursuivant l'accomplissement de ces projets. On « peut nommer dans ce nombre, sir Édouard Coke, « sir Lowin Sandys, sir Robert Philips, sir Francis « Seymour, sir Dudley Digges, sir John Elliot, sir « Thomas Wentworth, M. Selden et M. Pym. Ces « braves Anglais, animés d'un zèle ardent pour la « liberté, voyaient à regret un pouvoir sans limites « exercé par la couronne, et voulaient saisir l'occasion « que leur offraient les besoins du roi pour réduire la « prérogative à de plus justes bornes. »

Le pouvoir de Charles X n'était sans doute pas sans limites, mais qui peut douter que le désir de voir les chambres entrer en partage de l'initiative, que le besoin de donner au droit d'élection la plus grande extension possible, qu'enfin le projet d'interpréter, de développer une constitution toute monarchique dans le sens et au profit des doctrines populaires, ne soient pas devenus depuis long-temps la pensée favorite d'un grand nombre de Français..... Que les vainqueurs conviennent du moins du combat, que la victoire s'avoue, et qu'il soit dès à présent reconnu, comme le dira l'histoire, que les trois journées furent le dénouement d'une lutte de prérogative parvenue à son dernier terme.

Il n'entre pas dans ma pensée de démontrer que l'ordonnance électorale (l'ordonnance sur la presse appellera les soins d'un autre défenseur (1), se trouve dans les termes de la législation.

Tout ce que vous venez d'entendre vous prouve assez que ce n'est pas là mon projet ; je crois devoir seulement vous faire remarquer que le système établi par l'ordonnance est précisément celui qui se trouvait en vigueur quand la charte constitutionnelle fut publiée, que ce système est celui qui deux fois depuis la restauration a présidé aux opérations électorales. J'ajoute que cette ordonnance remet en vigueur des dispositions constitutionnelles abolies par les lois organiques. Le nombre des députés redevient ce qu'il était sous l'empire de la charte; la septennalité est abolie; la chambre, comme la charte le voulait, se renouvellera par cinquième. Toutefois, il faut en convenir, la loi du 5 février 1817, celle de 1820 sont

(1) M. Sauzet, défenseur de M. Chantelauze, s'est expliqué sur l'ordonnance relative à la presse.

enfreintes, et par une combinaison d'idées facile et naturelle il est possible de remonter de ces lois à la charte elle-même. Tout ce que je veux conclure des réflexions que je viens de présenter, c'est qu'une ordonnance électorale si parfaitement compatible avec la charte constitutionnelle considérée en elle-même, n'était pas un retour au régime *du bon plaisir*.

L'ordonnance qui prononce la dissolution de la chambre et qui ne se trouve contresignée que par le ministre de l'intérieur réclame aussi des explications.

Quoi, dit l'accusation, dissoudre une chambre qui n'a pas été réunie ? Enlever aux élus des départemens un caractère qui ne leur est encore imprimé par aucune vérification de pouvoirs? Est-ce là ce que la Charte entend par ce droit de dissoudre la chambre des députés qu'elle place au nombre des prérogatives de la Couronne?

La réponse est simple.

Le droit de dissoudre est attribué au roi par l'article 50 de la charte constitutionnelle, dans des termes absolus, sans conditions et sans limites; et si l'on songe que, d'après cet article, le Roi, dans les trois mois de la dissolution prononcée, doit convoquer une chambre nouvelle, on reconnaît qu'il est telle occurrence où, si la réunion de la chambre considérée comme hostile était attendue, le gouvernement n'aurait plus, avant la fin de l'année financière, le temps d'obtenir d'une chambre nouvelle, soit le budget, soit des douzièmes provisoires. Le seul fait de la réunion d'une assemblée dont les élémens connus, dont les projets arrêtés inspirent au roi des inquiétudes, n'est-il pas un danger qu'il est permis de prévenir? Dissoudre la Chambre à quelque époque que ce soit, c'est l'exercice d'un droit, ce n'est sous aucun rapport la violation d'un principe.

Il est désormais permis de passer de l'examen des ordonnances à la discussion du dernier chef d'accusation, le complot, le projet de porter dans la France entière les désastres et les malheurs de la guerre civile.

3° *Le ministre de l'intérieur n'a pas fait usage de son pouvoir pour concourir à la formatiou d'un complot ayant pour objet d'exciter les citoyens à la guerre civile.*

L'article 91 du Code pénal est ainsi conçu:

« L'attentat ou le complot dont le but sera, soit d'exciter à la guerre civile en armant ou portant les citoyens à s'armer les uns contre les autres, soit de porter la dévastation, le massacre et le pillage dans une ou plusieurs communes, etc. »

Faut-il donc s'arrêter long-temps aux suppositions, de la loi? et quelle place leur donner dans cette cause? Qui pourrait dire avec conviction que Charles X, que les ministres, quand ils ont signé les ordonnances du 25 juillet, se proposaient de livrer le royaume aux malheurs de la guerre civile; que c'était là le but des mesures arrêtées par le Conseil? Pour qu'il y ait attentat dans le sens de la loi pénale, il faut que les crimes définis soient l'objet véritable de l'action. Or ici, l'imprévoyance, l'absence de toute précaution militaire, ont suffisamment répondu.

Le complot ne saurait exister sans une préméditation que tout exclut du procès. Il a été prouvé qu'avant le milieu du mois de juillet, la pensée des ordonnances n'était point encore agitée. Il est constant aussi que les ministres ne s'attendaient qu'à cette sorte de résistance dont toute la puissance est dans la force d'inertie. Ils étaient convaincus, comme le dit le Mémoire du 14 avril, que l'*agitation n'avait pas pénétré dans les masses*, et tout conspirait à maintenir, à fortifier leur erreur : l'association bretonne n'était conçue, disait-on, que dans des vues pacifiques, et pour payer les frais de la résistance toute judiciaire à laquelle on se préparait. Les ministres se sont abusés, sans doute; mais du moins est-il constant qu'en signant les ordonnances, ils ne se sont jamais proposé pour but de provoquer une guerre à laquelle ils ne croyaient pas (1).

(1) Au milieu des troubles d'Angers, un officier municipal se précipite entre le peuple et les soldats; au péril de sa vie il empêche le sang de couler. A peine le ministre de l'intérieur est-il informé de ce noble dévouement, que sans s'arrêter à des dissidences d'opinion, il s'empresse de solliciter près du roi la décoration de la Légion-d'Honneur pour ce digne citoyen. Si l'on cite cette circonstance, dans laquelle le ministre n'a fait que son devoir, c'est qu'elle forme un singulier contraste avec les accusations qu'il a fallu réfuter.

La défense ne serait pas complète, si certaines imputations dirigées personnellement contre M. de Peyronnet n'étaient pas ici réfutées.

L'opinion émise dans le conseil du roi par le ministre de l'intérieur, n'est, aux yeux de M. le commissaire de la chambre des députés, qu'une circonstance aggravante.

Cette vérité que, pendant les trois journées, M. de Peyronnet s'est trouvé en dehors des événemens, n'obtiendra de l'influence, d'après l'accusation, que sous une condition : désignez, a dit M. le commissaire, l'influence dans laquelle la vôtre est venue se perdre et s'absorber.

Enfin d'après M. le commissaire, ces mots significatifs : *quoi! vous n'êtes pas partis !.... vite, vite,* en montrant de la main Saint-Cloud, sont inspirés par un sentiment honorable mais trop tardivement exprimé.

Reprenons :

1° L'opinion émise dans le conseil.

La question qui se reproduit à chaque ligne de la délibération prise par la chambre des députés, est celle de savoir si les anciens ministres ont, de dessein prémédité, conspiré contre les institutions du pays, s'ils ont agi en vue du salut public, ou en haine de la constitution ; et c'est sur ce point important, que la dissidence qui s'est prononcée dans le conseil, répand la plus vive lumière. La haine de nos institutions n'existe ici pour personne ; mais comment surtout en rapprocher l'idée, de la conduite tenue par M. de Peyronnet ? Préludait-il donc au renversement des institutions du pays, celui qui revendiquait dans le sein du conseil, les chances de la vie parlementaire? Le ministre qui conjura de tout son zèle et de tout son courage ces crises redoutables pour les peuples et pour les rois, le ministre qui voulut rester dans l'ordre habituel des lois, alors même que son opinion n'aurait pas triomphé, a-t-il donc mérité des châtimens ou des couronnes ?

2° L'absence de toute influence dans les trois journées.

M. de Peyronnet n'a point accepté l'espèce de compromis que lui proposait M. le commissaire. « C'est « dans le rapport fait à la chambre des députés le 12 « septembre dernier, a dit l'accusé, que se trouve l'in- « dication que vous me demandez; j'accepte l'accusa- « tion telle que vous l'avez faite, mais que votre travail « soit votre loi, comme je le prends pour la mienne. « Un passage de votre rapport répond de la manière la « plus explicite à la question que vous m'adressez. Ce « passage je ne le lirai point, vous le connaissez, et « vous savez qu'il me justifie (1). »

3° Le mouvement vers Saint-Cloud.

Le jeudi matin commençait sans doute la troisième des fatales journées; et cependant, c'est alors seulement, c'est à l'arrivée de M. de Sémonville que s'est offerte à M. de Peyronnet pour la première fois l'occasion d'exercer une utile influence. Cette occasion, n'a-t-il donc pas su la saisir? La vivacité de ses exhor-

(1) Séance du 17 décembre.

tations ne donne-t-elle pas la mesure des douleurs dont son ame était pénétrée? Comment une action serait-elle tardive, lorsqu'elle intervient aussitôt qu'elle devient possible!

Le moment est enfin arrivé de jeter un regard en arrière, de considérer l'accusation, de constater tout ce qu'elle abandonne, et de rapprocher de ce qu'elle croit devoir conserver, les explications données par la défense.

Les incendies. —L'innocence des anciens ministres, sur cette cruelle imputation, est désormais une vérité hors de toute controverse. M. le commissaire a même fait observer que l'ancien ministre de l'intérieur n'avait rien épargné pour pénétrer dans cet affreux mystère, qu'il avait secouru les habitans, et recherché les coupables par tous les moyens qui se trouvaient en son pouvoir.

Les élections. — En atténuant eux-mêmes l'importance de ce chef d'accusation, qui serait demeuré si grave s'il avait été justifié, MM. les commissaires n'ont-ils pas fait comprendre tout ce qu'il y avait de satisfaisant à leurs propres yeux dans les explications données par la défense ?

Le renversement des institutions du pays. — Cette haine profonde que les anciens ministres auraient vouée à la Charte constitutionnelle, ces projets hostiles au gouvernement représentatif et depuis longtemps médités, tout a disparu devant les actes du ministère accusé, et devant le rapport du 14 avril. Deux questions sont restées : les ministres ont-ils pu croire à la puissance de la couronne dans les jours de péril? ont-ils pu croire aux dangers du trône? Et, chose remarquable, alors même que les ministres seraient convaincus d'une double erreur, il faudrait, le droit criminel l'exige, reconnaître qu'ils ont pu se tromper sans crime; et, sous ce rapport, l'accusation ne serait pas encore justifiée.

Le complot défini par l'article 91 *du Code pénal.*— Cette vérité qu'au 25 juillet la garnison de Paris n'était pas plus forte, et que les troupes stationnées près de la capitale se trouvaient moins nombreuses que de coutume; la certitude qu'aucun chef militaire n'était averti, qu'aucune précaution n'était prise, ont fait disparaître jusqu'à la pensée d'un projet de guerre civile.

C'est dans cet état que les questions du procès doivent s'offrir aux délibérations de la Cour, et peut-être est-il désormais permis de demander si la discussion, si l'examen ont laissé cette vaste cause dans la situation où l'avait placée l'accusation? Des questions ont été posées, des théories élevées ont été débattues : ces questions, ces théories seront approfondies par vous, et seront comprises aussi en dehors de cette enceinte.

Pairs du Royaume, les nations ont leurs jours de colère; mais quand ces momens, qui ne sont pas sans héroïsme, sont écoulés, la vérité se montre, et le peuple bénit les magistrats courageux qui se sont préservés d'une irréparable erreur; c'est à vous qu'il appartient de protéger notre avenir. Quant à moi, je sens que j'ai porté la conviction dans vos ames, lorsque j'ai dit que la fiction politique ayant disparu avec le trône qu'elle protégeait, nous nous trouvions replacés sous la loi commune, et que vous pouviez écouter, apprécier, admettre nos explications; je sens que je me suis trouvé dans la vérité historique, lorsqu'après avoir démontré que l'on pouvait de bonne foi comprendre l'article 14, comme long-temps avant les ordonnances l'ont compris des hommes d'une si haute autorité, j'ai dit que l'on avait vu se prononcer en France, depuis 1815, ce mouvement politique qui date, en Angleterre, du règne de Jacques Ier, et qui s'est terminé par l'avénement de la maison d'Hanovre. Je sens que je suis resté dans la vérité politique, lorsque j'ai dit que les innovations préparées, annoncées, devenues certaines, d'après la composition de la Chambre élective, expliquaient les mesures adoptées par le Gouvernement; qui pourrait dire, avec conviction, que les circonstances n'étaient pas, en juillet 1830, telles que je les ai retracées? Je sens aussi que je n'ai pas couru le danger d'une réfutation possible, lorsque j'ai dit que les temps les plus calmes en apparence pouvaient recéler des tempêtes..... Mais je sens aussi qu'entraîné par mon zèle, j'ai pu quelquefois oublier qu'une défense ne devait pas être une apologie, j'ai parlé de couronnes..... des couronnes..... Ah! c'est aux tombes qui se sont ouvertes, qu'il faut les offrir, et non pas à l'homme si malheureux, si profondément malheureux de les avoir vu s'ouvrir!....

Pairs du royaume, qu'une dernière réflexion reste

présente à vos esprits. Il existe sur cette terre de France des hommes à qui l'ancien ordre de choses a laissé de profonds regrets. Voulez-vous qu'au bruit de votre arrêt ils quittent le sol de la patrie? Et lorsque les lois sont muettes, lorsque tant d'accusations, abandonnées ou réfutées, laissent briller la vérité à vos yeux, des condamnations viendront-elles donner le signal d'une émigration nouvelle? Faudra-t-il rentrer dans la sanglante carrière des proscriptions et des supplices? Est-ce là ce que la justice demande? est-ce là ce que l'intérêt national conseille? est-ce là l'exemple que l'Europe attend de nous?

FIN.

PIÈCES JUSTIFICATIVES.

Notice sur les actes du ministère de 1829, *depuis sa formation jusqu'à l'arrivée de M. de Peyronnet.*

Octobre 1829. — Amélioration du sort de l'armée par l'élévation du tarif des pensions militaires. Ainsi la modicité de la solde de retraite ne retiendra plus sous les drapeaux des hommes que leur âge, que leurs infirmités ne rendaient plus propres au service de guerre. Le repos est devenu possible, et la carrière est rouverte au profit de l'avancement.

Les sciences durent applaudir aux sages dispositions de l'ordonnance, tout inspirée par le désir de conduire au plus haut degré de perfectionnement possible l'école de Chartres, que le feu roi Louis XVIII institua le 22 janvier 1821, « afin (porte le préambule de l'or« donnance d'institution) de ramener ce genre d'étude « indispensable à la gloire de la France, et de fournir « à l'académie des inscriptions et belles-lettres tous les « moyens nécessaires pour l'avancement des travaux « confiés à ses soins. »

Dans l'intention de raviver une branche d'industrie qui est aussi une excellente école de navigation, M. le ministre de la marine écrivait le 5 novembre 1829 aux chambres du commerce des principales places maritimes du royaume « que le gouvernement était dans « l'intention de seconder par tous les moyens qui se-

« raient en son pouvoir, les expéditions pour la pêche « de la baleine, qui seraient formées dans des vues « vraiment nationales. J'ai lieu de penser, ajoutait le « ministre, que le commerce trouvera dans les dispo« sitions de l'ordonnance qui se prépare sur cette « matière, un gage certain de l'appui que le gouver« nement continue d'accorder à une industrie dont il « apprécie toute l'importance. »

L'ordonnance du 1er novembre, sur le service des payeurs du trésor royal; celle relative à la division du travail entre les divers services qui composaient l'administration des finances; celle du 13 et celle du 28 décembre, qui jettent dans les opérations de ce ministère de nouveaux moyens de surveillance et de publicité; celle du 30 décembre, qui opère d'importantes réductions dans le matériel du service des douanes, ont pour but et pour résultat d'apporter plus d'ordre et d'obtenir des économies nouvelles dans un département où l'ordre et l'économie sont si profitables à la nation.

On trouve dans le *Moniteur* du 9 décembre 1820 des rapports sur les primes d'encouragement pour la pêche de la morue et pour la pêche de la baleine, où se sont énoncées les plus saines maximes d'économie politique.

Une circulaire de M. Guernon de Ranville, en date du 14 décembre, est empreinte des vues les plus sages et les plus généreuses. « Je me propose, dit le ministre, « d'employer la plus grande partie du crédit voté en « faveur de l'instruction primaire, à répandre l'ensei« gnement dans tous les lieux où ce bienfait est encore « inconnu. »

Les rigueurs de l'hiver amenèrent, sous la date du 4 mars, une ordonnance d'amnistie pour les délits forestiers.

Cette ordonnance est fondée sur la position malheureuse dans laquelle beaucoup de familles ont pu se trouver par suite des rigueurs excessives de la saison.

Se renfermant dans les limites que le temps, que l'objet principal que l'on doit se proposer dans cet écrit, ne permettent pas de dépasser, il ne faut qu'énoncer l'ordonnance du 28 mars 1830, sur le fait des monnaies, une ordonnance du 27, sur les chaudières où l'on produit de la vapeur à une pression quelconque, une ordonnance du même jour, qui veut que les élèves du Génie maritime soient pris parmi ceux de l'École Polytechnique qui auront été déclarés admissibles dans les services publics. On ne peut qu'énoncer aussi ce beau rapport sur l'administration des finances, qui parut au mois d'avril 1830, travail immense qu'on ne peut comparer qu'aux travaux synoptiques destinés, par l'ancien garde des sceaux, à répandre le plus grand jour sur les travaux de la justice criminelle. Après avoir lu le rapport sur l'administration des finances, on reste frappé d'admiration en présence de ce monument de l'autorité, destiné à donner connaissance à la nation de tous les faits qui se rattachent à la perception et à la distribution des deniers publics. C'est encore là un de ces précédens qu'il faut perpétuer parmi nous.

Voilà ce que M. de Peyronnet connaissait lorsqu'il est arrivé pour la seconde fois aux affaires.

Le ministre de l'intérieur a adressé les circulaires suivantes à MM. les préfets des départemens.

Paris, le 31 mai 1830.

« Monsieur le préfet, en vous confiant l'administration d'une vaste portion du territoire, le Roi vous a imposé le devoir d'éveiller constamment l'attention du ministre chargé de diriger le département de l'intérieur sur tout ce qui peut contribuer au bien-être de ses sujets et à l'accroissement de la prospérité de son royaume. Mais, pour que votre sollicitude porte tous les fruits qu'il est permis d'attendre d'une administration prévoyante et éclairée, il importe que le gouvernement de Sa Majesté, jetant un regard sur le passé, puisse se rendre un compte exact du bien qu'a produit la restauration de l'autorité légitime, et des améliorations que réclament encore les divers services publics et les localités. Le rapprochement des faits accomplis, des vues conçues sur les divers points du royaume, des projets médités par les administrations municipales, les établissemens de bienfaisance, et par les associations industrielles, m'offrira de nouveaux moyens pour diriger vos efforts et pour seconder votre utile coopération. La discussion publique des questions d'économie politique, à laquelle les bons esprits et les hommes éclairés prennent aujourd'hui une part si active, fournit à l'administration de nouveaux élémens de succès, que des mains habiles doivent féconder.

« Je verrai donc avec plaisir qu'aussitôt que les

circonstances vous le permettront, vous m'adressiez un rapport dans lequel vous énumérerez sommairement les améliorations dues aux soins de l'administration depuis la restauration, les encouragemens accordés à l'agriculture, à l'industrie, au commerce, par la création d'établissemens utiles, par l'ouverture de nouvelles communications, par une meilleure administration des biens des communes, la suppression des gênes inutiles dans le régime municipal, une meilleure direction donnée à la répartition des secours accordés à l'indigence et au malheur, les travaux exécutés dans l'intérêt des divers services administratifs, et pour l'amélioration du régime des prisons.

« Il importe que ce compte rendu soit accompagné de l'indication du montant des ressources locales de toute nature dont vous dirigez ou dont vous surveillez l'emploi; que vous fassiez connaître la masse des revenus des communes et des établissemens de bienfaisance de votre département, les sommes que réclament annuellement les besoins ordinaires de ces établissemens, les fonds réservés pour des constructions neuves ou pour fonder de nouveaux établissemens. Il n'est pas moins utile de connaître le nombre d'individus qui, dans votre département, sont entretenus dans les hospices, et des pauvres qui sont secourus à domicile par les bureaux de bienfaisance et les associations charitables.

« Ces investigations vous conduiront tout naturellement à signaler les projets que vous avez conçus et dont l'exécution est plus ou moins éloignée. Vous constaterez les obstacles qui s'opposent au développement et à l'écoulement des produits du sol, vous indiquerez les mesures qu'il conviendrait de prendre pour accroître les richesses locales, pour étendre les améliorations entreprises, pour satisfaire les besoins des localités. Et si, pour mettre plus d'ensemble dans les vues que vous me communiquerez, vous êtes obligé de m'entretenir d'objets étrangers aux attributions qui me sont confiées, cette circonstance ne doit point arrêter votre zèle. Soyez assuré que je me concerterai avec les ministres des différens départemens, afin qu'une pensée utile ne reste jamais sans fruit, et qu'elle soit toujours soumise à une prompte appréciation.

« Vous donnerez, M. le préfet, je n'en doute point, un soin particulier au travail que je vous prie de préparer. Le gouvernement du Roi y trouvera de nouvelles preuves de votre sollicitude pour des intérêts qui vous sont chers, et Sa Majesté, dont toutes les pensées ont pour objet le bonheur de ses peuples, me permettra de mettre sous ses yeux ces témoignages irrécusables de votre zèle pour son service.

« Agréez, Monsieur le préfet, l'assurance de ma considération distinguée.

« *Le pair de France, ministre secrétaire-d'État de l'intérieur,*

« Cte DE PEYRONNET. »

Paris, 15 juin 1830.

« M. le préfet, le roi a ordonné de nouvelles élections : vous ne devez rien négliger pour que l'ordre le plus complet se maintienne sur tous les points de votre département pendant leur durée.

« *Les élections doivent être libres. Elles ne peuvent l'être qu'autant que les électeurs jouissent d'une entière sécurité.*

« Il y a violation des droits consacrés par la Charte, toutes les fois que par des insultes, des menaces, des démonstrations publiques et tumultueuses, on entreprend d'imposer des suffrages, ou de détourner les électeurs timides d'un devoir qu'ils peuvent croire dangereux.

« L'article 11 de la loi du 5 février 1817, attribue à MM. les présidens et vice présidens la police des colléges électoraux.

« Larticle 8 de l'ordonnance royale du 11 octobre 1820, décide que nulle force armée ne peut, sans leur demande, être placée auprès du lieu des séances.

« Enfin, par l'article 8 de la loi du 5 février 1817, et par l'article 10 de l'ordonnance du 11 octobre 1820, toute discussion et toute délibération quelconque sont interdites dans le sein des colléges électoraux.

« On ne doit point douter que MM. les présidens de colléges ne remplissent avec fermeté et avec sagesse, les devoirs importans que la loi leur a confiés.

« Mais hors des lieux dont la police leur est réservée, elle appartient aux magistrats ordinaires, et ceux-ci doivent l'exercer avec vigilance.

« Prenez des mesures pour que les abords des colléges soient libres, que la personne des électeurs soit *indistinctement respectée*, qu'aucun outrage ne leur soit adressé, qu'aucune clameur populaire ne puisse exercer d'influence sur leur vote, qu'aucun tumulte extérieur ne se fasse entendre dans le lieu des séances et ne trouble l'ordre des opérations électorales.

« Qu'aucun attroupement illégal ne soit toléré; qu'aucune infraction aux lois ne soit commise impunément; que les infracteurs soient saisis à l'instant, conformément à l'art. 16 du Code d'instruction criminelle, et remis aux tribunaux qui devront les juger.

« Les articles 109, 110, 111, 112 et 113 du Code pénal prononcent des peines sévères contre ceux qui vendent ou achètent des suffrages, qui falsifient les votes ou qui troublent, par un moyen quelconque, la liberté et la sécurité des électeurs.

« Faites publier et afficher de nouveau ces articles. Que les électeurs *sachent et sentent que la protection des lois leur est assurée*, *et que vous mettez au rang de vos premiers devoirs*, *celui qui veut que vous garantissiez à tous vos administrés le libre et paisible exercice de leurs droits*.

« Vous me rendrez compte des mesures que vous aurez prises et de leur exécution.

« Agréez, M. le préfet, l'assurance de ma considération très distinguée,

« *Le pair de France*, *ministre secrétaire-d'État au département de l'intérieur*,

« DE PEYRONNET. »

IMPRIMERIE ET FONDERIE DE J. PINARD,
RUE D'ANJOU-DAUPHINE, N° 8, A PARIS.

www.ingramcontent.com/pod-product-compliance
Ingram Content Group UK Ltd.
Pitfield, Milton Keynes, MK11 3LW, UK
UKHW020302220726
13923UKWH00002B/989